Basic Japanese

쉬운 기초★일본어★

Yes Media Group
예스미디어
www.ymg.kr

머리말

'기초일본어', '초급일본어', '일본어입문' 등의 이름으로 출판된 일본어 입문서는 너무 흔하고도 흔하다. 그래서 지금까지 입문자를 위한 일본어 교과서를 쓰지 않았고, 다른 저자가 써놓은 서적을 교재로 하여 수업을 해왔다. 그런데 요즘에 와서는 내가 가르치는 학생의 형편에 맞는 교과서가 한권 있어야 되겠다는 생각으로, 교수 생활 느지막이 교과서 집필에 손을 대고 말았다.

입문서일수록 집필이 어렵다는 것은 누구나 잘 알고 있을 것이다. 일본어라는 쉽지 않은 외국어를 어떻게 하면 쉽게 가르칠 수 있을까. 또 한학기가 15주 밖에 되지 않는데 이 짧은 시간에 기초 중의 기초라도 제대로 가르치고 배우려면 어떻게 교과서를 구성해야 할까 하는 등 고심이 많았던 것이 사실이다.

일본어를 비롯한 외국어를 익히는 가장 빠른 길은 그 외국어를 쓰는 언어 환경에 많이 노출되는 것이다. 즉 그 나라에 가서 살면 가장 빨리 익힐 수 있다. 그렇다고 모두가 그 나라에 가서 살 형편도 되지 않겠지만, 그 나라에 가서 산다고 그 나라 말이 저절로 되는 것도 아니다. 일정한 기초적인 이론을 알아야 바른 외국어를 빨리 익힐 수 있다.

그렇기 때문에 입문자에게 많은 것을 요구할 수는 없고, 또 교양으로 배운 일본어로 능숙하게 일본어가 구사되는 것도 아니다. 그러나 일본의 가나문자를 써보고 소리 내어 보기를 한번이라도 해보았다면 다음에 기회가 생길 때 더 많은 관심과 흥미가 유발되리라고 생각한다. 전혀 모르는 것과 글자라도 써본 사람의 차이는 크기 때문이다.

그래서 이 《기초일본어》에서는 가나문자 쓰기와 읽기에 많은 시간을 할애하였다. 우리나라에서 나온 입문서를 보면, 글자의 자원을 비롯하여 글자 쓰는 순서도 제대로 가르치지 않는 경우가 허다하고, 더욱이 일본어의 발음 기호를 가르치지 않는 경우는 더욱더 많다. '외국어는 머리는 기억 못해도 입이 기억한다'는 말이 있듯이 한번 익힌 글과 발음은 평생을 간다. 이 점을 특히 감안하여 정확한 가나 쓰기와 가나 발음에 중점을 두었다.

그리고 명사, 형용사, 형용동사, 동사의 문장을 완벽하지는 않지만 한 번씩이라도 접할 수 있도록 구성하였다. 본문을 짧게 하고 연습문제를 많이 풀어봄으로 자연스럽게 일본어를 익힐 수 있도록 하였다. 또 하나의 특징은 요즈음 학생이 한자를 모른다는 점을 인지하여 적어도 본문에 나오는 한자만이라도 익힐 수 있도록 보충학습으로 '한자쓰기'를 따로 만들었다.

한 과의 분량은 좀 많는지 모르지만, 가르치는 교사가 적당하게 분량을 취사선택하여 가르치면 좋으리라 생각하며, 학생은 수업시간에 들은 설명을 기초로 해서 단어, 어구, 문법, 문형, 연습, 작문, 보충학습을 통하여 착실히 익혀 나간다면 일본어 입문의 목표는 무난하게 달성되리라 생각한다.

이 책의 집필 과정에서 일본어 문장을 검토해주신 동료 아가와 다에코〔阿川妙子〕교수께 감사드리며, 특히 좋은 책 출판을 위하여 여러모로 애써주신 예스미디어의 대표와 직원께 삼가 감사의 말씀을 드리는 바이다. 이 보잘 것 없는 책이 일본어를 입문으로 배우고자 하는 학생에게 부디 조그마한 도움이라도 된다면 저자로서는 더할 나위 없이 기쁠 것이다.

저자 하 태 후

이 책의 구성

1. 학습목표

각 과에서 학습할 내용을 제시하고, 각 과를 학습하고 나면 학생이 도달할 수 있는 수준을 설정한다.

2. 회화

이번 시간에 학습할 내용의 본문을 제시한다.

3. 단어

회화에 나온 단어를 설명한다.

4. 어구

단어로도 잘 이해되지 않고, 문법으로도 잘 이해되지 않는 연어나 관용구 등을 설명한다.

5. 문법

각 과의 회화를 학습하는 데 꼭 필요한 최소한의 문법을 설명한다.

6. 문형

단어만 바꾸면 항상 쓸 수 있는 구문의 패턴을 연습한다.

7. 연습

어구, 문법, 문형에서 익힌 내용을 실제로 학생이 작성하거나 말해 봄으로 학습 내용을
숙지한다.

8. 작문

각 과에서 반드시 알아야 내용을 문장으로 나타낼 수 있도록 연습한다.

9. 보충학습1

회화나 그 외의 예문에서 나왔던 한자를 한자씩 글자 단위로 익힌다.

10. 보충학습2

일본어 한자는 단어가 되었을 때는 한자씩 읽을 때와는 읽는 방법이 달라지므로
한자단어를 읽고 쓰는 연습을 한다.

차 례

MEMO

가나 자원

히라가나

あ	安	い	以	う	宇	え	衣	お	於
か	加	き	幾	く	久	け	計	こ	己
さ	左	し	之	す	寸	せ	世	そ	曾
た	太	ち	知	つ	川	て	天	と	止
な	奈	に	仁	ぬ	奴	ね	祢	の	乃
は	波	ひ	比	ふ	不	へ	部	ほ	保
ま	末	み	美	む	武	め	女	も	毛
や	也			ゆ	由			よ	与
ら	良	り	利	る	留	れ	礼	ろ	呂
わ	和							を	遠
ん	无								

가타카나

ア	阿	イ	伊	ウ	宇	エ	江	オ	於
カ	加	キ	幾	ク	久	ケ	介	コ	己
サ	散	シ	之	ス	須	セ	世	ソ	曾
タ	多	チ	千	ツ	川	テ	天	ト	止
ナ	奈	ニ	仁	ヌ	奴	ネ	祢	ノ	乃
ハ	八	ヒ	比	フ	不	ヘ	部	ホ	保
マ	末	ミ	三	ム	牟	メ	女	モ	毛
ヤ	也			ユ	由			ヨ	与
ラ	良	リ	利	ル	流	レ	礼	ロ	呂
ワ	和							ヲ	乎
ン	尒								

히라가나 로마자 표기

清　　　　音					ば ba	び bi	ぶ bu	べ be	ぼ bo
あ a	い i	う u	え e	お o	半　濁　音				
か ka	き ki	く ku	け ke	こ ko	ぱ pa	ぴ pi	ぷ pu	ぺ pe	ぽ po
さ sa	し shi	す su	せ se	そ so	拗　　音				
た ta	ち chi	つ tsu	て te	と to	きゃ kya		きゅ kyu		きょ kyo
な na	に ni	ぬ nu	ね ne	の no	しゃ sha		しゅ shu		しょ sho
は ha	ひ hi	ふ fu	へ he	ほ ho	ちゃ cha		ちゅ chu		ちょ cho
ま ma	み mi	む mu	め me	も mo	にゃ nya		にゅ nyu		にょ nyo
や ya		ゆ yu		よ yo	ひゃ hya		ひゅ hyu		ひょ hyo
ら ra	り ri	る ru	れ re	ろ ro	みゃ mya		みゅ myu		みょ myo
わ wa			を o		りゃ rya		りゅ ryu		りょ ryo
ん N					ぎゃ gya		ぎゅ gyu		ぎょ gyo
濁　　音					じゃ ja		じゅ ju		じょ jo
が ga	ぎ gi	ぐ gu	げ ge	ご go	ぢゃ ja		ぢゅ ju		ぢょ jo
ざ za	じ ji	ず zu	ぜ ze	ぞ zo	びゃ bya		びゅ byu		びょ byo
だ da	ぢ ji	づ zu	で de	ど do	ぴゃ pya		ぴゅ pyu		ぴょ pyo

가타카나 로마자 표기

清　　音					バ ba	ビ bi	ブ bu	ベ be	ボ bo
ア a	イ i	ウ u	エ e	オ o	半　濁　音				
カ ka	キ ki	ク ku	ケ ke	コ ko	パ pa	ピ pi	プ pu	ペ pe	ポ po
サ sa	シ shi	ス su	セ se	ソ so	拗　　音				
タ ta	チ chi	ツ tsu	テ te	ト to	キャ kya		キュ kyu		キョ kyo
ナ na	ニ ni	ヌ nu	ネ ne	ノ no	シャ sha		シュ shu		ショ sho
ハ ha	ヒ hi	フ fu	ヘ he	ホ ho	チャ cha		チュ chu		チョ cho
マ ma	ミ mi	ム mu	メ me	モ mo	ニャ nya		ニュ nyu		ニョ nyo
ヤ ya		ユ yu		ヨ yo	ヒャ hya		ヒュ hyu		ヒョ hyo
ラ ra	リ ri	ル ru	レ re	ロ ro	ミャ mya		ミュ myu		ミョ myo
ワ wa				ヲ o	リャ rya		リュ ryu		リョ ryo
ン N					ギャ gya		ギュ gyu		ギョ gyo
濁　　音					ジャ ja		ジュ ju		ジョ jo
ガ ga	ギ gi	グ gu	ゲ ge	ゴ go	ヂャ ja		ヂュ ju		ヂョ jo
ザ za	ジ ji	ズ zu	ゼ ze	ゾ zo	ビャ bya		ビュ byu		ビョ byo
ダ da	ヂ ji	ヅ zu	デ de	ド do	ピャ pya		ピュ pyu		ピョ pyo

 히라가나 음성기호

清　　　音					ば [ba]	び [bi]	ぶ [bɯ]	べ [be]	ぼ [bo]
あ [a]	い [i]	う [ɯ]	え [e]	お [o]	半　濁　音				
か [ka]	き [ki]	く [kɯ]	け [ke]	こ [ko]	ぱ [pa]	ぴ [pi]	ぷ [pɯ]	ぺ [pe]	ぽ [po]
さ [sa]	し [ʃi]	す [sɯ]	せ [se]	そ [so]	拗　　音				
た [ta]	ち [tʃi]	つ [tsɯ]	て [te]	と [to]	きゃ [kʲa]		きゅ [kʲɯ]		きょ [kʲo]
な [na]	に [ɲi]	ぬ [nɯ]	ね [ne]	の [no]	しゃ [ʃa]		しゅ [ʃɯ]		しょ [ʃo]
は [ha]	ひ [çi]	ふ [ɸɯ]	へ [he]	ほ [ho]	ちゃ [tʃa]		ちゅ [tʃɯ]		ちょ [tʃo]
ま [ma]	み [mi]	む [mɯ]	め [me]	も [mo]	にゃ [ɲa]		にゅ [ɲɯ]		にょ [ɲo]
や [ja]		ゆ [jɯ]		よ [jo]	ひゃ [ça]		ひゅ [çɯ]		ひょ [ço]
ら [ra]	り [ri]	る [rɯ]	れ [re]	ろ [ro]	みゃ [mʲa]		みゅ [mʲɯ]		みょ [mʲo]
わ [wa]				を [o]	りゃ [rʲa]		りゅ [rʲɯ]		りょ [rʲo]
ん [m/n/ŋ]					ぎゃ [gʲa]		ぎゅ [gʲɯ]		ぎょ [gʲo]
濁　　音					じゃ [ʒa]		じゅ [ʒɯ]		じょ [ʒo]
が [ga]	ぎ [gi]	ぐ [gɯ]	げ [ge]	ご [go]	ぢゃ [ʥa]		ぢゅ [ʥɯ]		ぢょ [ʥo]
ざ [za]	じ [ʒi]	ず [zɯ]	ぜ [ze]	ぞ [zo]	びゃ [bʲa]		びゅ [bʲɯ]		びょ [bʲo]
だ [da]	ぢ [ʥi]	づ [ʣɯ]	で [de]	ど [do]	ぴゃ [pʲa]		ぴゅ [pʲɯ]		ぴょ [pʲo]

清 音					バ [ba]	ビ [bi]	ブ [bɯ]	ベ [be]	ボ [bo]
ア [a]	イ [i]	ウ [ɯ]	エ [e]	オ [o]	半 濁 音				
カ [ka]	キ [ki]	ク [kɯ]	ケ [ke]	コ [ko]	パ [pa]	ピ [pi]	プ [pɯ]	ペ [pe]	ポ [po]
サ [sa]	シ [ʃi]	ス [sɯ]	セ [se]	ソ [so]	拗 音				
タ [ta]	チ [tʃi]	ツ [tsɯ]	テ [te]	ト [to]	キャ [kʲa]		キュ [kʲɯ]		キョ [kʲo]
ナ [na]	ニ [ɲi]	ヌ [nɯ]	ネ [ne]	ノ [no]	シャ [ʃa]		シュ [ʃɯ]		ショ [ʃo]
ハ [ha]	ヒ [çi]	フ [ɸɯ]	ヘ [he]	ホ [ho]	チャ [tʃa]		チュ [tʃɯ]		チョ [tʃo]
マ [ma]	ミ [mi]	ム [mɯ]	メ [me]	モ [mo]	ニャ [ɲa]		ニュ [ɲɯ]		ニョ [ɲo]
ヤ [ja]		ユ [jɯ]		ヨ [jo]	ヒャ [ça]		ヒュ [çɯ]		ヒョ [ço]
ラ [ra]	リ [ri]	ル [rɯ]	レ [re]	ロ [ro]	ミャ [mʲa]		ミュ [mʲɯ]		ミョ [mʲo]
ワ [wa]				ヲ [o]	リャ [rʲa]		リュ [rʲɯ]		リョ [rʲo]
ン [m/n/ŋ]					ギャ [gʲa]		ギュ [gʲɯ]		ギョ [gʲo]
濁 音					ジャ [ʒa]		ジュ [ʒɯ]		ジョ [ʒo]
ガ [ga]	ギ [gi]	グ [gɯ]	ゲ [ge]	ゴ [go]	ヂャ [dʑa]		ヂュ [dʑɯ]		ヂョ [dʑo]
ザ [za]	ジ [ʒi]	ズ [zɯ]	ゼ [ze]	ゾ [zo]	ビャ [bʲa]		ビュ [bʲɯ]		ビョ [bʲo]
ダ [da]	ヂ [dʑi]	ヅ [dzɯ]	デ [de]	ド [do]	ピャ [pʲa]		ピュ [pʲɯ]		ピョ [pʲo]

 ★ **가나 컴퓨터 입력표**

清　音					ば バ ba	び ビ bi	ぶ ブ bu	べ ベ be	ぼ ボ bo
あ ア a	い イ i	う ウ u	え エ e	お オ o	半　濁　音				
か カ ka	き キ ki	く ク ku	け ケ ke	こ コ ko	ぱ パ pa	ぴ ピ pi	ぷ プ pu	ぺ ペ pe	ぽ ポ po
さ サ sa	し シ si	す ス su	せ セ se	そ ソ so	拗　音				
た タ ta	ち チ ti	つ ツ tu	て テ te	と ト to	きゃ キャ kya		きゅ キュ kyu		きょ キョ kyo
な ナ na	に ニ ni	ぬ ヌ nu	ね ネ ne	の ノ no	しゃ シャ sya		しゅ シュ syu		しょ ショ syo
は ハ ha	ひ ヒ hi	ふ フ hu	へ ヘ he	ほ ホ ho	ちゃ チャ tya		ちゅ チュ tyu		ちょ チョ tyo
ま マ ma	み ミ mi	む ム mu	め メ me	も モ mo	にゃ ニャ nya		にゅ ニュ nyu		にょ ニョ nyo
や ヤ ya		ゆ ユ yu		よ ヨ yo	ひゃ ヒャ hya		ひゅ ヒュ hyu		ひょ ヒョ hyo
ら ラ ra	り リ ri	る ル ru	れ レ re	ろ ロ ro	みゃ ミャ mya		みゅ ミュ myu		みょ ミョ myo
わ ワ wa				を ヲ wo	りゃ リャ rya		りゅ リュ ryu		りょ リョ ryo
ん ン nn	っ ッ ltu	ゃ ャ lya	ゅ ュ lyu	ょ ョ lyo	ぎゃ ギャ gya		ぎゅ ギュ gyu		ぎょ ギョ gyo
濁　音					じゃ ジャ zya		じゅ ジュ zyu		じょ ジョ zyo
が ガ ga	ぎ ギ gi	ぐ グ gu	げ ゲ ge	ご ゴ go	ぢゃ ヂャ dya		ぢゅ ヂュ dyu		ぢょ ヂョ dyo
ざ ザ za	じ ジ zi	ず ズ zu	ぜ ゼ ze	ぞ ゾ zo	びゃ ビャ bya		びゅ ビュ byu		びょ ビョ byo
だ ダ da	ぢ ヂ di	づ ヅ du	で デ de	ど ド do	ぴゃ ピャ pya		ぴゅ ピュ pyu		ぴょ ピョ pyo

Lesson 01

히라가나 쓰기와 발음(1)

 일본어 표기와 발음

일본어의 표기

일본어의 문자 표기에는 한자와 두 종류의 가나, 즉 히라가나와 가타카나를 조합하여 사용한다. 한자만으로 혹은 가나만으로 표기되는 단어도 있지만, 양쪽을 조합하여 표기하는 경우가 대부분이다. 문법적인 조사나 조동사는 가나로 쓴다. 또 현대어 문장에는 로마자도 자주 사용한다.

○ 한자 (漢字)

한자(漢字)는 약 1700년 전, 백제의 왕인(王仁)이 《논어》와 〈천자문〉을 전함으로써 비로소 일본에서 쓰기 시작하였다. 한자는 표음문자인 「仮名(かな)」와 함께 일본어를 표기하기 위한 주요한 문자이다. 옛날에는 「仮名(かな)」에 대해서 한자는 「真名(まな)」 또는 「真字」로 불렸다. 한문에 한정하지 않고, 순수일본어까지도 한자로 표기하는 점이 다른 한자문화권 나라의 언어와는 다른 특징이다. 1981년 1,945자의 상용한자(常用漢字)가 제정되어 사용하다가, 2010년 11월에 기존의 상용한자 1,945자에서 5자를 삭제하고, 새로이 196자를 추가한 2,136자의 신상용한자(新常用漢字)를 발표했다. 문자체(文字体)는 고전이나 서도의 특정 분야 이외에서는 신상용한자표에 근거한 이른바 신자체(新字体)를 쓰고 있다. 이 한자 읽기에는 중국 원음에 가깝게 읽는 음독(音読)과 한자의 뜻을 새겨 읽는 훈독(訓読)이 있다.

○ 히라가나 (ひらがな / 平仮名)

히라가나(ひらがな)는 한자의 해서체에서 행서체를 거쳐 초서체에서 만들어졌다. 지금부터 약 천 년 전에 만들어졌으며, 처음에는 주로 여성들이 사용하였다. 한글과 같이 표음문자이기 때문에 그 글자 하나하나에는 원칙적으로 뜻이 없고, 글자 하나하나가 음절을 나타내는 음절문자(音節文字)로, 현대일본어에서 인쇄, 필기 모든 경우에 사용된다.

○ 가타카나 (かたかな / 片仮名)

가타카나(カタカナ)는 서체가 다른 히라가나가 한 벌 더 있다고 생각하면 된다. 가타카나는 히라가나와 같이 9세기경에 남성을 중심으로 하여 한문을 쉽게 배울 수 있도록 한자 옆에 토를 달기 위하여 편(偏), 방(旁), 관(冠), 각(脚) 등의 한자의 일부를 따서 만든 것이다. 현대일본어에

서는 히라가나만큼이나 널리 쓰이는데, 이는 외래어 수용을 쉽게 하는 일본인에게 외래어를 표기하기 위하여 많이 쓰이고 있으며, 그 외에 의성어, 의태어, 동식물명의 표기나 강조할 경우에 자주 사용한다.

○ 로마자 (Roma字)

로마자란 본래는 라틴문자인 라틴알파벳을 의미한다. 일본에 로마자가 처음 전해진 것은 16세기 중반에 포르투갈의 선교사에 의해서였다. 그러나 현재 일본어 문장을 로마자로 쓰는 경우는 거의 없고, 로마자로 표기해야 할 부분은 대체적으로 가타카나로 표기하며, 로마자는 자연과학 등에서 반드시 로마자로 표기하지 않으면 안 되는 곳에만 쓴다. 따라서 문자 표기 전체에서 차지하는 위치는 보조적인 것이라고 할 수 있다. 로마자로 표기할 경우에는 그 철자법이 문제가 되는데, 여기에는 '표준식', '일본식', '훈령식' 등이 있다. 현재 일본에서는 인명·지명 혹은 외래어 표기의 경우 일반적으로 '표준식'을 따르고 있다.

일본어 발음

일본어는 다음절어이다. 일본어는 'a, i, ɯ, e, o' 등 5개의 모음과 'k, s, ʃ, t, tʃ, ts, n, ɲ, h, ç, ɸ, m, j, r, w, g, z, ʒ, d, p' 등 20개 자음을 사용한다. 자음 중에는 무성음에 해당하는 '청음'과 '반탁음'이 있고, 유성음에 해당하는 '탁음'이 있다. 일본어의 의미 구별은 대부분 장단청탁(長短淸濁)에 의해서 이루어지고 있다. 따라서 일본어는 글자 한 자를 한 박자로 소리 내므로 발음(撥音), 촉음(促音), 장음(長音)도 모두 한 박자의 음 길이를 가진다. 악센트는 고저악센트를 사용하며 강세악센트는 사용하지 않는다. 평판형(平板型), 두고형(頭高型), 중고형(中高型), 미고형(尾高型)으로 나누어지는 일본어의 악센트는 방언에 따라 여러 가지가 있으나 표준어인 도쿄어의 악센트는 두 가지 원칙이 있다. 첫째, 1음절과 2음절의 높이가 반드시 다르다. 즉 1음절이 높으면 2음절이 낮고, 1음절이 낮으면 2음절이 높다. 둘째, 한 번 떨어진 악센트는 다시 올라가지 않기 때문에 한 단어에서 높은 곳은 한 군데뿐이다.

모음 (母音)

あ [a]	い [i]	う [ɯ]	え [e]	お [o]
				を [o]

중모음 (重母音)

や [ja]		ゆ [jɯ]		よ [jo]
わ [wa]				

자음 (子音)

○ 청음 (清音)

か [ka]	き [ki]	く [kɯ]	け [ke]	こ [ko]
さ [sa]	し [ʃi]	す [sɯ]	せ [se]	そ [so]
た [ta]	ち [tʃi]	つ [tsɯ]	て [te]	と [to]
な [na]	に [ɲi]	ぬ [nɯ]	ね [ne]	の [no]
は [ha]	ひ [çi]	ふ [ɸɯ]	へ [he]	ほ [ho]
ま [ma]	み [mi]	む [mɯ]	め [me]	も [mo]
ら [ra]	り [ri]	る [rɯ]	れ [re]	ろ [ro]

청음

あ행 일본어의 기본모음으로 한국어의 '아, 이, 우, 에, 오'와 비슷하게 발음한다. 단「う」는 '우'와 '으'의 중간 소리로 발음한다.

あ	い	う	え	お
[a]	[i]	[ɯ]	[e]	[o]
a	i	u	e	o

あい	いえ	うえ	え	あおい
[ai]	[ie]	[ɯe]	[e]	[aoi]
사랑	집	위	그림	파랗다

한 글자씩 써보기

あ				
い				
う				
え				
お				

か행 한국어의 '카, 키, 쿠, 케, 코'와 비슷하지만 지나치게 격음으로 발음하지 않도록 한다. 「く」는 '쿠'와 '크'의 중간 정도로 발음한다.

か [ka]	き [ki]	く [kɯ]	け [ke]	こ [ko]
ka	ki	ku	ke	ko

かお [kao]	かき [kaki]	くき [kɯki]	け [ke]	ここ [koko]
얼굴	감	줄기	털	여기

한 글자씩 써보기

か				
き				
く				
け				
こ				

さ행 한국어의 '사, 시, 스, 세, 소'의 발음과 비슷하다. 「し」는 '시'와 '쉬'의 중간 정도로, 「す」는 '수'와 '스'의 중간 정도로 발음한다.

さ	し	す	せ	そ
[sa]	[ʃi]	[sɯ]	[se]	[so]
sa	shi	su	se	so

かさ	しお	すし	せ	そこ
[kasa]	[ʃio]	[sɯʃi]	[se]	[soko]
우산	소금	초밥	키	거기

한 글자씩 써보기

さ				
し				
す				
せ				
そ				

た행

'타, 티, 트, 테, 토'로 발음하면 안 된다. '티'와 '트'는 구개음화가 일어나서 '타, 치, 츠, 테, 토'로 음가가 변하였다. 특히 「つ」([tsɯ])의 발음에 주의해야 한다. 영어의 It's mine의 'It's'의 발음과 비슷하다.

た	ち	つ	て	と
[ta]	[tʃi]	[tsɯ]	[te]	[to]
ta	chi	tsu	te	to

たこ	ちち	つくえ	て	とけい
[tako]	[tʃitʃi]	[tsɯkɯe]	[te]	[tokei]
문어	아버지	책상	손	시계

한 글자씩
써보기

た					
ち					
つ					
て					
と					

な행	한국어의 '나, 니, 누, 네, 노'의 발음과 비슷하다. 단 「に」의 경우에는 '니'와 '뉘'의 중간 정도로, 「ぬ」는 '누'와 '느'의 중간 정도를 발음하면 된다.

な	に	ぬ	ね	の
[na]	[ɲi]	[nɯ]	[ne]	[no]
na	ni	nu	ne	no

なな	にく	いぬ	ねこ	つの
[nana]	[ɲikɯ]	[inɯ]	[neko]	[tsɯno]
일곱	고기	개	고양이	뿔

한 글자씩 써보기

な					
に					
ぬ					
ね					
の					

쉬운 기초일본어

| **は행** | 한국어의 '하, 히, 후, 헤, 호'의 발음과 비슷하다. 단지 「ひ」는 '히'와 '휘'의 중간 정도로 발음하고, 「ふ」는 로마자로 'fu'로 표기하는 하므로, 영어의 [h]와 [f]의 중간 정도로 발음을 하면 된다. |

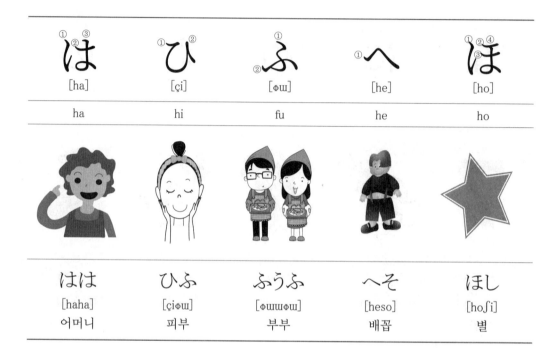

は	ひ	ふ	へ	ほ
[ha]	[çi]	[ɸɯ]	[he]	[ho]
ha	hi	fu	he	ho

はは	ひふ	ふうふ	へそ	ほし
[haha]	[çiɸɯ]	[ɸɯɯɸɯ]	[heso]	[hoʃi]
어머니	피부	부부	배꼽	별

한 글자씩 써보기

は				
ひ				
ふ				
へ				
ほ				

24

ま행 한국어의 '마, 미, 무, 메, 모'의 발음과 비슷하다. 「む」는 '무'와 '므'의 중간 정도를 발음하면 된다.

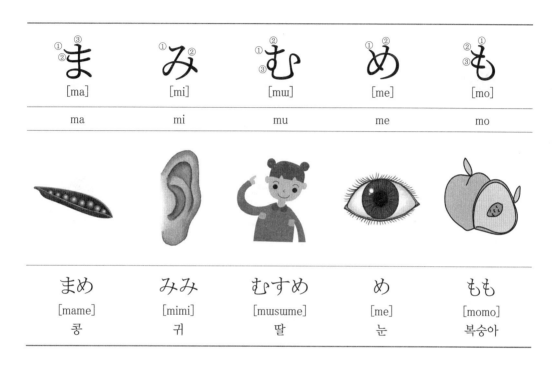

ま	み	む	め	も
[ma]	[mi]	[mu]	[me]	[mo]
ma	mi	mu	me	mo

まめ	みみ	むすめ	め	もも
[mame]	[mimi]	[musume]	[me]	[momo]
콩	귀	딸	눈	복숭아

한 글자씩 써보기

ま					
み					
む					
め					
も					

 や행 ▶ 한국어의 '야, 유, 요'의 발음과 비슷하다.

| や [ja]
 ya | ゆ [jɯ]
 yu | よ [jo]
 yo |

| やま [jama]
 산 | ゆめ [jɯme]
 꿈 | よむ [jomɯ]
 읽다 |

 한 글자씩 써보기

や					
ゆ					
よ					

ら행

한국어의 '라, 리, 루, 레, 로'와 비슷하다. 영어의 [r]은 설전음이므로 혀를 굴리듯이 발음하지만, 일본어는 그렇지 않고 한국어의 'ㄹ'발음과 비슷하다.

ら	り	る	れ	ろ
[ra]	[ri]	[rɯ]	[re]	[ro]
ra	ri	ru	re	ro

さくら	りす	さる	すみれ	ろく
[sakɯra]	[risɯ]	[sarɯ]	[sumire]	[rokɯ]
벚꽃	다람쥐	원숭이	제비꽃	6

한 글자씩 써보기

ら				
り				
る				
れ				
ろ				

わ행

「わ」는 한국어의 '와'의 발음과 비슷하다. 「を」는 한국어의 '을/를'에 해당하는 조사로만 쓰이고 단어의 첫머리에 오는 경우는 없다.

②わ①
[wa]

wa

①を③
[o]

o

わたし
[wataʃi]
저

うたを
[utao]
노래를

한 글자씩
써보기

わ				
を				

ん행 한국어의 'ㄴ, ㅁ, ㅇ'의 받침소리와 비슷한 '[m] / [n] / [ŋ]'으로 발음한다. 뒤에 오는 글자가 무엇인가에 따라 각각 '[m] / [n] / [ŋ]'의 소리가 결정된다

[m / n / ŋ]

N

にほん
[nihon]
일본

한 글자씩 써보기

ん				

자음 (子音)

O 청음 (清音)

か	き	く	け	こ
[ka]	[ki]	[kɯ]	[ke]	[ko]
さ	し	す	せ	そ
[sa]	[ʃi]	[sɯ]	[se]	[so]
た	ち	つ	て	と
[ta]	[ʧi]	[tsɯ]	[te]	[to]
な	に	ぬ	ね	の
[na]	[ɲi]	[nɯ]	[ne]	[no]
は	ひ	ふ	へ	ほ
[ha]	[çi]	[ɸɯ]	[he]	[ho]
ま	み	む	め	も
[ma]	[mi]	[mɯ]	[me]	[mo]
ら	り	る	れ	ろ
[ra]	[ri]	[rɯ]	[re]	[ro]

탁음(濁音)·반탁음(半濁音)

탁음과 반탁음은 청음 중의 「か·さ·た·は」의 4행, 20글자에 탁점(゛)과 반탁점(゜)을 붙여서 만들어진 탁음 20글자와 반탁음 5글자를 말한다.

か [ka]	き [ki]	く [kɯ]	け [ke]	こ [ko]
さ [sa]	し [ʃi]	す [sɯ]	せ [se]	そ [so]
た [ta]	ち [ʧi]	つ [tsɯ]	て [te]	と [to]
は [ha]	ひ [çi]	ふ [ɸɯ]	へ [he]	ほ [ho]

○ 탁음(濁音)

が [ga]	ぎ [gi]	ぐ [gɯ]	げ [ge]	ご [go]
ざ [za]	じ [ʒi]	ず [zɯ]	ぜ [ze]	ぞ [zo]
だ [da]	ぢ [ʤi]	づ [dɯ]	で [de]	ど [do]
ば [ba]	び [bi]	ぶ [bɯ]	べ [be]	ぼ [bo]

○ 반탁음(半濁音)

ぱ [pa]	ぴ [pi]	ぷ [pɯ]	ぺ [pe]	ぽ [po]

탁음

が행

한국어의 '가, 기, 구, 게, 고'의 발음과 비슷하다. 「ぐ」는 '구'와 '그'의 중간 정도로 발음한다.

が	ぎ	ぐ	げ	ご
[ga]	[gi]	[gɯ]	[ge]	[go]
ga	gi	gu	ge	go

がか	かぎ	かぐ	げた	ご
[gaka]	[kagi]	[kagɯ]	[geta]	[go]
화가	열쇠	가구	일본 나막신	5

한 글자씩 써보기

が				
ぎ				
ぐ				
げ				
ご				

ざ행	한국어의 '자, 지, 즈, 제, 조'의 발음과 비슷하다. 주의할 점은 「ざ」(자)와 「じゃ」(쟈), 「ぞ」(조)와 「じょ」(죠)의 구분을 분명하게 하여야 한다. 한국인이 많이 틀리는 발음 중의 하나이다.

ざ	じ	ず	ぜ	ぞ
[za]	[ʒi]	[zɯ]	[ze]	[zo]
za	ji	zu	ze	zo

ひざ	ひじ	ちず	かぜ	かぞく
[çiza]	[çiʒi]	[tʃizɯ]	[kaze]	[kazokɯ]
무릎	팔꿈치	지도	감기	가족

한 글자씩 써보기

ざ				
じ				
ず				
ぜ				
ぞ				

だ행

'다, 디, 드, 데, 도'에 구개음화가 일어나서 '다, 지, 즈, 데, 도'가 된다. 따라서 「ぢ」와 「じ」, 「づ」와 「ず」는 사실상 발음이 같아진다. 그러나 관용적으로 「ぢ」와 「づ」를 사용하지 않으면 안 되는 경우가 있기 때문에 아직도 이 두 글자는 일부에서 쓰고 있다.

だ	ぢ	づ	で	ど
[da]	[ʥi]	[ʣɯ]	[de]	[do]
da	ji	zu	de	do

だいがく	はなぢ	こづつみ	でんわ	まど
[daigakɯ]	[hanaʥi]	[koʣɯtsɯmi]	[deŋwa]	[mado]
대학	코피	소포	전화	창문

한 글자씩 써보기

だ				
ぢ				
づ				
で				
ど				

ば행   한국어의 '바, 비, 부, 베, 보'의 발음과 비슷하다.

ば	び	ぶ	べ	ぼ
[ba]	[bi]	[bɯ]	[be]	[bo]
ba	bi	bu	be	bo

ばら	えび	ぶた	うみべ	ぼく
[bara]	[ebi]	[bɯta]	[ɯmibe]	[bokɯ]
장미	새우	돼지	해변	나

한 글자씩 써보기

ば				
び				
ぶ				
べ				
ぼ				

 반탁음

ぱ행 ▶ 한국어의 '파, 피, 푸, 페, 포'와 '빠, 삐, 뿌, 뻬, 뽀'의 중간으로 발음한다.

ぱ	ぴ	ぷ	ぺ	ぽ
[pa]	[pi]	[pɯ]	[pe]	[po]
pa	pi	pu	pe	po

かんぱい	えんぴつ	しんぷ	ぺこぺこ	たんぽぽ
[kampai]	[empitsɯ]	[simpɯ]	[pekopeko]	[tampopo]
건배	연필	신부	배고픔	민들레

한 글자씩 써보기

ぱ				
ぴ				
ぷ				
ぺ				
ぽ				

히라가나 「あ〜な」행까지 얼마나 쓸 수 있는지 자신의 실력을 테스트 해보시오.
보기와 같이 왼쪽의 발음을 보고 해당하는 히라가나를 써보시오.

보기

[u][e] ◐ うえ

(1) [a][i]   ◐ _____

(2) [i][e]   ◐ _____

(3) [ka][sa]   ◐ _____

(4) [ta][ko]   ◐ _____

(5) [i][nɯ]   ◐ _____

(6) [ne][ko]   ◐ _____

(7) [ʃi][ʃi]   ◐ _____

(8) [sɯ][ki]   ◐ _____

(9) [ko][ko]   ◐ _____

(10) [so][ko]   ◐ _____

(11) [tsɯ][kɯ][e]   ◐ _____

(12) [ka][ki]   ◐ _____

(13) [ke]   ◐ _____

(14) [to][tʃi]   ◐ _____

(15) [te]   ◐ _____

Test 02

히라가나 「は~わ」행까지 얼마나 쓸 수 있는지 자신의 실력을 테스트 해보시오.
보기와 같이 왼쪽의 발음을 보고 해당하는 히라가나를 써보시오.

보기

[wa][ta][ʃi] ● わたし

(1) [çi][ɸɯ] ● _____

(2) [ho][n] ● _____

(3) [he][so] ● _____

(4) [so][re] ● _____

(5) [sa][kɯ][ra] ● _____

(6) [ja][ma] ● _____

(7) [jɯ][me] ● _____

(8) [ri][sɯ] ● _____

(9) [jo][rɯ] ● _____

(10) [ro][kɯ] ● _____

(11) [ha][ha] ● _____

(12) [ho][ʃi] ● _____

(13) [mɯ][sɯ][me] ● _____

(14) [mi][mi] ● _____

(15) [mo][mo] ● _____

Test 03

보기와 같이 왼쪽의 발음을 보고 해당하는 히라가나를 써보시오.

보기

[a] [me] ○ あめ

(1) [ɯ] [e]　　　　○ _____

(2) [i] [e]　　　　○ _____

(3) [sa] [ka]　　　○ _____

(4) [i] [nɯ]　　　○ _____

(5) [ma] [do]　　　○ _____

(6) [a] [i]　　　　○ _____

(7) [ɸɯ] [de]　　　○ _____

(8) [jɯ] [ri]　　　○ _____

(9) [mɯ] [ne]　　　○ _____

(10) [ja] [ma]　　　○ _____

(11) [ba] [ra]　　　○ _____

(12) [çi] [za]　　　○ _____

(13) [ka] [ze]　　　○ _____

(14) [ge] [ta]　　　○ _____

(15) [pe] [ko] [pe] [ko] ○ _____

Test 04 다음 오십음도를 완성해보시오.

[a]	[i]	[ɯ]	[e]	[o]
[ka]	[ki]	[kɯ]	[ke]	[ko]
[sa]	[ʃi]	[sɯ]	[se]	[so]
[ta]	[ʧi]	[tsɯ]	[te]	[to]
[na]	[ɲi]	[nɯ]	[ne]	[no]
[ha]	[çi]	[ɸɯ]	[he]	[ho]
[ma]	[mi]	[mɯ]	[me]	[mo]
[ja]		[jɯ]		[jo]
[ra]	[ri]	[rɯ]	[re]	[ro]
[wa]				[o]
[m/n/ŋ]				

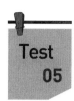

다음 탁음 · 반탁음표를 완성해보시오.

[ga]	[gi]	[gɯ]	[ge]	[go]
[za]	[ʒi]	[zɯ]	[ze]	[zo]
[da]	[ʤi]	[ʣɯ]	[de]	[do]
[ba]	[bi]	[bɯ]	[be]	[bo]
[pa]	[pi]	[pɯ]	[pe]	[po]

MEMO

Lesson 02

히라가나 쓰기와 발음(2)

학습내용

1. 히라가나의 요음(拗音)
2. 히라가나의 촉음(促音)
3. 히라가나의 발음(撥音)
4. 히라가나의 장음(長音)

학습목표

1. 요음을 쓰고 발음할 수 있다.
2. 촉음을 쓰고 발음할 수 있다.
3. 발음을 쓰고 발음할 수 있다.
4. 장음을 쓰고 발음할 수 있다.

요음(拗音)

요음(拗音)이란 「い」단의 음과 「や」행의 음을 합하여 한 박자로 발음하는 소리를 가리킨다. 즉 「い」단의 「き·し·ち·に·ひ·み·り·ぎ·じ·び·ぴ」의 11음과 「や」행의 「や·ゆ·よ」의 3음을 합하면 새로운 33음이 만들어지는데 이것을 요음(拗音)이라고 한다. 이때 「い」단의 글자는 원래 크기대로 쓰고 「や」행의 글자는 반으로 줄여서 쓴다.

きゃ [kʲa] / kya		きゅ [kʲɯ] / kyu		きょ [kʲo] / kyo
しゃ [ʃa] / sha		しゅ [ʃɯ] / shu		しょ [ʃo] / sho
ちゃ [ʧa] / cha		ちゅ [ʧɯ] / chu		ちょ [ʧo] / cho
にゃ [ɲa] / nya		にゅ [ɲɯ] / nyu		にょ [ɲo] / nyo
ひゃ [ça] / hya		ひゅ [çɯ] / hyu		ひょ [ço] / hyo
みゃ [mʲa] / mya		みゅ [mʲɯ] / myu		みょ [mʲo] / myo
りゃ [rʲa] / rya		りゅ [rʲɯ] / ryu		りょ [rʲo] / ryo
ぎゃ [gʲa] / gya		ぎゅ [gʲɯ] / gyu		ぎょ [gʲo] / gyo
じゃ [ʒa] / ja		じゅ [ʒɯ] / ju		じょ [ʒo] / jo
びゃ [bʲa] / bya		びゅ [bʲɯ] / byu		びょ [bʲo] / byo
ぴゃ [pʲa] / pya		ぴゅ [pʲɯ] / pyu		ぴょ [pʲo] / pyo

요음 쓰기

○ 「や」행

きゃ [kʲa] / kya	きゃ	きゃ			
しゃ [ʃa] / sha	しゃ	しゃ			
ちゃ [ʧa] / cha	ちゃ	ちゃ			
にゃ [ɲa] / nya	にゃ	にゃ			
ひゃ [ça] / hya	ひゃ	ひゃ			
みゃ [mʲa] /mya	みゃ	みゃ			
りゃ [rʲa] / rya	りゃ	りゃ			
ぎゃ [gʲa] / gya	ぎゃ	ぎゃ			
じゃ [ʒa] / ja	じゃ	じゃ			
びゃ [bʲa] / bya	びゃ	びゃ			
ぴゃ [pʲa] / pya	ぴゃ	ぴゃ			

＊「じゃ」와 「ざ」는 발음할 때 주의해야 한다. 「じゃ」는 '지야'를 줄여서 한 박자로 발음하므로 '쟈'에 가까운 소리가 나고, 「ざ」는 원래 한 박자의 소리로 '자'에 가까운 소리가 난다.

○ 「ゆ」행

きゅ [kʲɯ] / kyu	きゅ	きゅ			
しゅ [ʃɯ] / shu	しゅ	しゅ			
ちゅ [tʃɯ] / chu	ちゅ	ちゅ			
にゅ [ɲɯ] / nyu	にゅ	にゅ			
ひゅ [çɯ] / hyu	ひゅ	ひゅ			
みゅ [mʲɯ] / myu	みゅ	みゅ			
りゅ [rʲɯ] / ryu	りゅ	りゅ			
ぎゅ [gʲɯ] / gyu	ぎゅ	ぎゅ			
じゅ [ʒɯ] / ju	じゅ	じゅ			
びゅ [bʲɯ] / byu	びゅ	びゅ			
ぴゅ [pʲɯ] / pyu	ぴゅ	ぴゅ			

○ 「よ」행

きょ [kʲo] / kyo	きょ	きょ			
しょ [ʃo] / sho	しょ	しょ			
ちょ [tʃo] / cho	ちょ	ちょ			
にょ [ɲo] / nyo	にょ	にょ			
ひょ [ço] / hyo	ひょ	ひょ			
みょ [mʲo] / myo	みょ	みょ			
りょ [rʲo] / ryo	りょ	りょ			
ぎょ [gʲo] / gyo	ぎょ	ぎょ			
じょ [ʒo] / jo	じょ	じょ			
びょ [bʲo] / byo	びょ	びょ			
ぴょ [pʲo] / pyo	ぴょ	ぴょ			

＊ 「じょ」와 「ぞ」는 발음할 때 주의해야 한다. 「じょ」는 '지요'를 줄여서 한 박자로 발음하므로 '죠'에 가까운 소리가 나고, 「ぞ」는 원래 한 박자의 소리로 '조'에 가까운 소리가 난다.

 ## 촉음(促音)

촉음(促音)이란 「っ」를 원래의 음가인 [ʦɯ]로 소리 내지 않고, 뒤에 오는 소리에 따라 '[k], [s], [t], [p]'의 네 가지 음으로 발음하는 현상을 말한다. 뒤에 오는 소리의 영향으로 「っ」의 소리가 바뀌므로 이는 동화현상 중에서도 역접동화에 해당된다. 이때 글자는 반으로 작게 쓴다.

「っ」을 발음할 때 주의 할 점은 「っ」도 1박자로 발음해야 한다. 예를 들면 「まっくら」의 경우 한국어로 '막쿠라'로 하면 3박자가 되는데 이는 틀린 발음이다. 정확하게 하려면 '막ㄱ쿠라'로 해서 4박자가 되도록 해야 한다. 3박자인 '마쿠라'로 발음하면 「まくら」 가 되어서 '베개'라는 완전히 다른 단어가 되어 버린다.

っ　+	か [ka]	き [ki]	く [kɯ]	け [ke]	こ [ko]	⇨ 받침소리 [k]
	さ [sa]	し [ʃi]	す [sɯ]	せ [se]	そ [so]	⇨ 받침소리 [s]
	た [ta]	ち [ʧi]	つ [ʦɯ]	て [te]	と [to]	⇨ 받침소리 [t]
	ぱ [pa]	ぴ [pi]	ぷ [pɯ]	ぺ [pe]	ぽ [po]	⇨ 받침소리 [p]

※ 받침소리를 한글로 표기하지 않은 이유는 한국어 받침의 일곱 가지 대표음은 'ㄱ, ㄴ, ㄷ, ㄹ, ㅁ, ㅂ, ㅇ'이고, 이에는 'ㅅ'이 없기 때문으로, 발음기호만 적어 놓았다.

뒤에 오는 글자에 따라 받침소리 촉음 「っ」의 소리가 달라진다. [k], [s], [t], [p] 네 가지 음으로 소리가 난다.

(1) っ+か행 / [k] ← [k]

① いっかい [ikkai] 일회
② にっき [nikki] 일기
③ まっくら [makkɯra] 캄캄함
④ はっけん [hakkeŋ] 발견
⑤ がっこう [gakko:] 학교

(2) っ+さ행 / [s] ← [s]

① あっさり [assari] 산뜻하게

② ざっし [zaʃʃi] 잡지

③ ひっす [hissɯ] 필수

④ はっせい [hasse:] 발생

⑤ いっそく [issokɯ] 한 다발

(3) っ+た행 / [t] ← [t]

① ぜったい [zettai] 절대

② いっち [ittʃi] 일치

③ むっつ [mɯttsɯ] 여섯 개

④ きって [kitte] 우표

⑤ おっと [otto] 남편

(4) っ+ぱ행 / [p] ← [p]

① いっぱい [ippai] 가득

② がっぴ [gappi] 월일

③ きっぷ [kippɯ] 티켓

④ がっぺい [gappe:] 합병

⑤ むてっぽう [mɯteppo:] 무모함

 발음(撥音)

　발음(撥音)이란 '오십음도표'의 제일 마지막에 따로 떨어져 있는 「ん」을 가리킨다. 이 글자 역시 다음에 어떤 소리가 오느냐에 따라서 음가가 결정되므로, 동화작용 중에서도 역접동화에 해당된다. 「ん」은 작게 쓰지 않고 다른 글자와 같은 끄기로 쓴다. 소리는 음성기호로 표기하면 [m], [n], [ŋ]이 되고, 한글로는 'ㄴ, ㅁ, ㅇ'으로 표기할 수 있다.

　「ん」을 발음할 때 주의 할 점은 「ん」도 1박자로 발음해야 한다. 예를 들면 「かんぱい」의 경우 한국어로 '간파이'로 하면 3박자가 되는데 이는 틀린 발음이다. 정확하게 하려면 '간ㄴ파이'로 발음하여 4박자가 되도록 해야 한다.

(1) ん+ま·ば·ぱ행 / [m] ← [m][p][b]

　　① にんむ[nimmɯ] 임무
　　② かんぱい[kampai] 건배
　　③ けんぶつ[kembɯtsɯ] 견학

(2) ん+さ·ざ·た·だ·な·ら행 / [n] ← [n][t][d][r][s][z]

　　① おんな[onna] 여자　　　　② へんたい[henntai] 변체
　　③ もんだい[mondai] 문제　　④ べんり[benri] 편리
　　⑤ けんせい[kense:] 견제　　⑥ かんじ[kanzi] 한자

(3) ん+あ·か·は·や·わ·が행 / [ŋ] ← [a][k][g][j][w][h]

　　① れんあい[reŋai] 연애　　　② ぶんか[buŋka] 문화
　　③ まんが[maŋga] 만화　　　④ しんよう[siŋjo:] 신용
　　⑤ でんわ[deŋwa] 전화　　　⑥ ぜんはん[zeŋhaŋ] 전반

(4) 어말

　　① ほん[hoN] 책
　　② すみません[sɯmimaseN] 죄송합니다

장음(長音)

　일본어는 장단청탁(長短淸濁)의 의해서 의미를 구별하는 단어가 많다. 청음과 탁음에 관해서는 제1과에서 학습하였으므로 여기에서는 장음과 단음에 관해서 학습한다. 장음은 모음을 길게 발음하는 것을 말한다. 여기에는 7가지 패턴이 있는데 (5)번 과 (7)번을 특히 주의하여야 한다.

(1) 「あ」단의 장음은 「あ」로 표시한다.

- [aa]→[a:]
① おか<u>あ</u>さん[oka<u>aa</u>saŋ] → [oka:saŋ] 어머니
② おば<u>あ</u>さん[oba<u>aa</u>saŋ] → [oba:saŋ] 할머니
③ おばさん[okasaŋ] → [okasaŋ] 아주머니

(2) 「い」단의 장음은 「い」로 표시한다.

- [ii]→[i:]
① おに<u>い</u>さん[oni<u>ii</u>saŋ] → [oni:saŋ] 형님, 오빠
② おじ<u>い</u>さん[ozi<u>ii</u>saŋ] → [ozi:saŋ] 할아버지
③ おじさん[ozisaŋ] → [ozisaŋ] 아저씨

(3) 「う」단의 장음은 「う」로 표시한다.

- [ɯɯ]→[ɯ:]
① す<u>う</u>がく[sɯ<u>ɯɯ</u>gakɯ] → [sɯ:gakɯ] 수학
② く<u>う</u>き [kɯ<u>ɯɯ</u>ki] → [kɯ:ki] 공기
③ くき[kɯki] → [kɯki] 줄기

(4) 「え」단의 장음은 「え」로 표시한다.

- [ee]→[e:]
① おね<u>え</u>さん[one<u>ee</u>saŋ] → [one:saŋ] 누나, 언니
② へ<u>え</u>[he<u>ee</u>] → [he:] 저런

(5) 「え」단의 장음 중에서도 주로 한자어의 경우에는 「い」로 표시한다.

> • [ei] → [e:]
> ① せんせい[sensei] → [sense:] 선생님
> ② えいが[eiga] → [e:ga] 영화

(6) 「お」단의 장음은 「お」로 표시한다.

> • [oo] → [o:]
> ① おおい[ooi] → [o:i] 많다
> ② とおり[toori] → [to:ri] 거리

(7) 「お」단의 장음 중에서도 주로 한자어의 경우에는 「う」로 표시한다.

> • [oɯ]→[o:]
> ① べんとう[bentoɯ] → [bento:] 도시락
> ② ひょうか[çoɯka] → [ço:ka] 평가

Lesson 03

가타가나 쓰기와 발음(1)

가타카나 (かたかな/片仮名)

　　가타카나는 서체가 다른 히라가나가 한 벌 더 있다고 생각하면 된다. 가타카나는 히라가나와 같이 9세기경에 남성을 중심으로 하여 한문을 쉽게 배울 수 있도록 한자 옆에 토를 달기 위하여 편(偏), 방(旁), 관(冠), 각(脚) 등의 한자의 일부를 따서 만든 것이다. 현대일본어에서는 히라가나만큼이나 널리 쓰이는데, 이는 외래어 수용을 쉽게 하는 일본인이 외래어를 표기하기 위하여 많이 사용하고 있으며, 그 외에 의성어, 의태어, 동식물명의 표기나 강조할 경우에 자주 사용한다.

모음 (母音)

ア [a]	イ [i]	ウ [ɯ]	エ [e]	オ [o]
				ヲ [o]

중모음 (重母音)

ヤ [ja]		ユ [jɯ]		ヨ [jo]
ワ [wa]				

자음 (子音)

○ 청음 (清音)

カ [ka]	キ [ki]	ク [kɯ]	ケ [ke]	コ [ko]
サ [sa]	シ [ʃi]	ス [sɯ]	セ [se]	ソ [so]
タ [ta]	チ [ʧi]	ツ [tsɯ]	テ [te]	ト [to]
ナ [na]	ニ [ɲi]	ヌ [nɯ]	ネ [ne]	ノ [no]
ハ [ha]	ヒ [çi]	フ [ɸɯ]	ヘ [he]	ホ [ho]
マ [ma]	ミ [mi]	ム [mɯ]	メ [me]	モ [mo]
ラ [ra]	リ [ri]	ル [rɯ]	レ [re]	ロ [ro]

 ★ 청음

ア행

①ア② [a]	①イ② [i]	②ウ①③ [ɯ]	①エ③ [e]	②オ①③ [o]
a	i	u	e	o

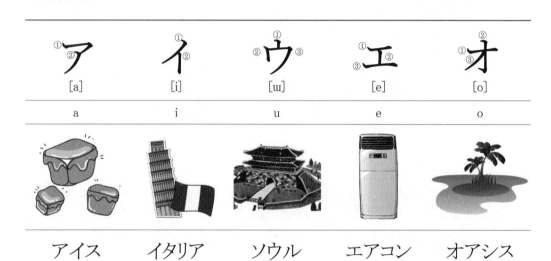

アイス	イタリア	ソウル	エアコン	オアシス
[aisɯ]	[itaria]	[soɯrɯ]	[eakon]	[oasisɯ]
아이스	이탈리아	서울	에어컨	오아시스

한 글자씩
써보기

ア				
イ				
ウ				
エ				
オ				

カ행

①カ②	キ③①②	①ク②	ケ③①	①②コ
[ka]	[ki]	[kɯ]	[ke]	[ko]
ka	ki	ku	ke	ko

カメラ	キー	クッキー	ケーキ	コアラ
[kamera]	[ki:]	[kɯkki:]	[ke:ki]	[koara]
카메라	열쇠	쿠키	케이크	코알라

한 글자씩 써보기

カ				
キ				
ク				
ケ				
コ				

サ행

サ	シ	ス	セ	ソ
[sa]	[ʃi]	[sɯ]	[se]	[so]
sa	shi	su	se	so

サラダ	シーソー	スカート	セット	ソース
[sarada]	[ʃiːsoː]	[sɯkaːto]	[setto]	[soːsɯ]
샐러드	시소	스커트	세트	소스

한 글자씩 써보기

サ				
シ				
ス				
セ				
ソ				

タ행

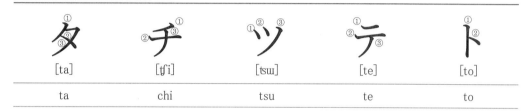

タ	チ	ツ	テ	ト
[ta]	[tʃi]	[tsɯ]	[te]	[to]
ta	chi	tsu	te	to

タオル	チキン	ツアー	テレビ	トマト
[taorɯ]	[tʃikin]	[tsɯa:]	[terebi]	[tomoto]
수건	치킨	투어	텔레비젼	토마토

한 글자씩 써보기

タ					
チ					
ツ					
テ					
ト					

ナ행

①ナ②	①二②	①ヌ②	①②ネ③④	①ノ
[na]	[ɲi]	[nɯ]	[ne]	[no]
na	ni	nu	ne	no

バナナ	テニス	カヌー	ネクタイ	ノート
[banana]	[tenisɯ]	[kanɯ:]	[nekɯtai]	[no:to]
바나나	테니스	카누	넥타이	노트

한 글자씩 써보기

ナ				
二				
ヌ				
ネ				
ノ				

ハ행

ハ [ha]	ピ [çi]	フ [ɸɯ]	ヘ [he]	ホ [ho]
ha	hi	fu	he	ho

ハート	コーヒー	フランス	ヘア	ホテル
[ha:to]	[ko:çi:]	[ɸɯransɯ]	[hea]	[hoterɯ]
하트	커피	프랑스	헤어	호텔

한 글자씩 써보기

ハ				
ヒ				
フ				
ヘ				
ホ				

マ행

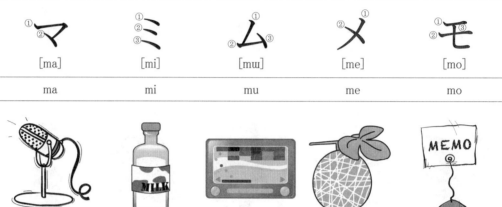

①②マ	①②③ミ	①②ム③	②①メ	①②モ③
[ma]	[mi]	[mɯ]	[me]	[mo]
ma	mi	mu	me	mo

マイク	ミルク	ゲーム	メロン	メモ
[maikɯ]	[mirɯkɯ]	[ge:mɯ]	[meron]	[memo]
마이크	밀크	게임	멜론	메모

한 글자씩 써보기

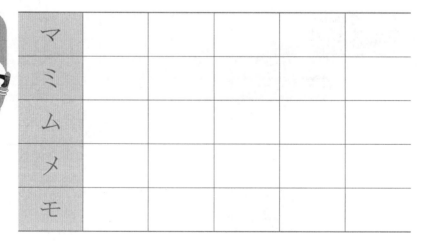

マ					
ミ					
ム					
メ					
モ					

ヤ행

	② ヤ ①	① ユ ②	① ② ヨ ③
	[ja]	[jɯ]	[jo]
	ya	yu	yo

タイヤ	ユニクロ	ヨガ
[taija]	[jɯnikɯro]	[joga]
타이어	유니클로	요가

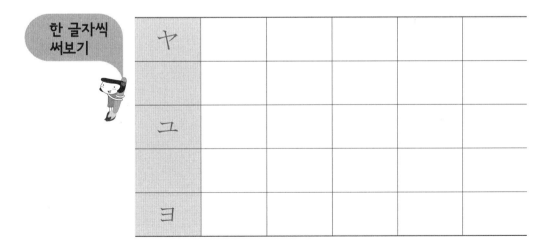

한 글자씩 써보기

ヤ					
ユ					
ヨ					

ラ행

ラ [ra]	リ [ri]	ル [ru]	レ [re]	ロ [ro]
ra	ri	ru	re	ro

ラーメン	リボン	ルーム	レース	ロシア
[ra:men]	[ribon]	[ru:mu]	[re:su]	[roʃia]
라면	리본	룸	레이스	러시아

한 글자씩 써보기

ラ				
リ				
ル				
レ				
ロ				

ワ행

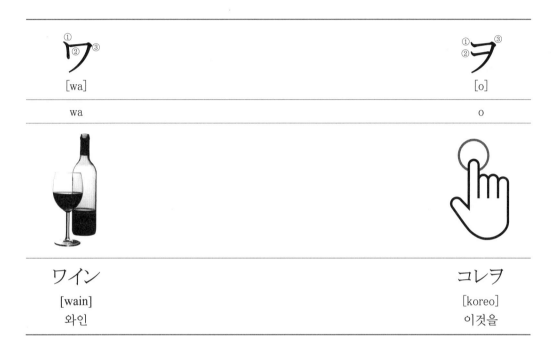

① ワ ③
②
[wa]

wa

ワイン
[wain]
와인

① ヲ ③
②
[o]

o

コレヲ
[koreo]
이것을

한 글자씩
써보기

ワ				
ヲ				

ン행

①
②
ン
[m / n / ŋ]
N

ペン
[pen]
펜

ン				

한 글자씩 써보기

탁음(濁音)·반탁음(半濁音)

탁음과 반탁음은 청음 중의 「カ·サ·タ·ハ」의 4행, 20글자에 탁점(゛)과 반탁점(゜)을 붙여서 만들어진 탁음 20글자와 반탁음 5글자를 말한다.

カ [ka]	キ [ki]	ク [kɯ]	ケ [ke]	コ [ko]
サ [sa]	シ [ʃi]	ス [sɯ]	セ [se]	ソ [so]
タ [ta]	チ [ʧi]	ツ [tsɯ]	テ [te]	ト [to]
ハ [ha]	ヒ [çi]	フ [ɸɯ]	ヘ [he]	ホ [ho]

○ 탁음(濁音)

ガ [ga]	ギ [gi]	グ [gɯ]	ゲ [ge]	ゴ [go]
ザ [za]	ジ [ʒi]	ズ [zɯ]	ゼ [ze]	ゾ [zo]
ダ [da]	ヂ [ʤi]	ヅ [ʣɯ]	デ [de]	ド [do]
バ [ba]	ビ [bi]	ブ [bɯ]	ベ [be]	ボ [bo]

○ 반탁음(半濁音)

パ [pa]	ピ [pi]	プ [pɯ]	ペ [pe]	ポ [po]

 탁음

ガ행

ガ	ギ	グ	ゲ	ゴ
[ga]	[gi]	[gɯ]	[ge]	[go]
ga	gi	gu	ge	go

ガス	ギア	グリーン	ゲスト	ゴースト
[gasɯ]	[gia]	[gɯri:n]	[gesɯto]	[go:sɯto]
가스	기어	그린	게스트	고스트

한 글자씩
써보기

ガ				
ギ				
グ				
ゲ				
ゴ				

	ザ	ジ	ズ	ゼ	ゾ
	[za]	[ʒi]	[zɯ]	[ze]	[zo]
	za	ji	zu	ze	zo

ザイル	ジープ	ズーム	ゼロ	ゾンビ
[zairɯ]	[ʒi:pɯ]	[zɯ:mɯ]	[zero]	[zombi]
자일	지프	줌	제로	좀비

한 글자씩 써보기

ザ				
ジ				
ズ				
ゼ				
ゾ				

ダ행

ダ	ヂ	ヅ	デ	ド
[da]	[ʤi]	[ʣɯ]	[de]	[do]
da	ji	zu	de	do

ダイヤル			デザート	ドア
[daijaru]			[deza:to]	[doa]
다이얼			디저트	도어

한 글자씩 써보기

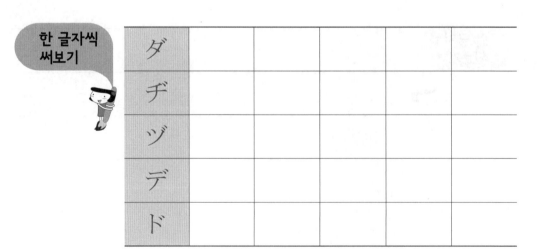

ダ				
ヂ				
ヅ				
デ				
ド				

バ	ビ	ブ	ベ	ボ
[ba]	[bi]	[bɯ]	[be]	[bo]
ba	bi	bu	be	bo

バナナ	ビーフ	ブース	ベータ	ボーイ
[banana]	[bi:ɸɯ]	[bɯ:sɯ]	[be:ta]	[bo:i]
바나나	비프	부스	베타	보이

한 글자씩 써보기

バ				
ビ				
ブ				
ベ				
ボ				

 반탁음

パ행

パ [pa]	ピ [pi]	プ [pɯ]	ペ [pe]	ポ [po]
pa	pi	pu	pe	po

パパ	ピアノ	プール	ペイント	ポケット
[papa]	[piano]	[pɯːrɯ]	[peinto]	[poketto]
파파	피아노	풀	페인트	포켓

한 글자씩 써보기

パ				
ピ				
プ				
ペ				
ポ				

Test 01

가타카나 「ア〜ナ」행까지 얼마나 쓸 수 읽을 수 있는지 실력을 테스트 해보시오.
보기와 같이 왼쪽의 발음을 읽고 해당하는 가타카나를 써보시오.

보기

$$[a][:][to] \; ⊙ \; アート$$

---

(1) $[a][kɯ][a]$ ⊙ _____

(2) $[i][:][sɯ][to]$ ⊙ _____

(3) $[e][ko][:]$ ⊙ _____

(4) $[ka][o][sɯ]$ ⊙ _____

(5) $[ki][sɯ]$ ⊙ _____

(6) $[ko][:][tʃi]$ ⊙ _____

(7) $[no][:][to]$ ⊙ _____

(8) $[ʃi][:][to]$ ⊙ _____

(9) $[sɯ][ta][:]$ ⊙ _____

(10) $[so][:][sɯ]$ ⊙ _____

(11) $[ta][kɯ][ʃi][:]$ ⊙ _____

(12) $[te][ki][sɯ][to]$ ⊙ _____

(13) $[na][i][sɯ]$ ⊙ _____

(14) $[ne][sɯ][to]$ ⊙ _____

(15) $[no][:][sɯ]$ ⊙ _____

쉬운 기초일본어

Test 02

가타카나 「ハ～ワ」행까지 얼마나 쓸 수 읽을 수 있는지 실력을 테스트 해보시오.
보기와 같이 왼쪽의 발음을 읽고 해당하는 가타카나를 써보시오.

보기
[ha][ɯ][sɯ] ◐ ハウス

(1) [çi][:][to]　　◐ _____

(2) [ɸɯ][ra][i]　　◐ _____

(3) [he][a]　　◐ _____

(4) [ho][:][mɯ]　　◐ _____

(5) [ma][sɯ][kɯ]　　◐ _____

(6) [mi][ne][ra][rɯ]　　◐ _____

(7) [me][:][rɯ]　　◐ _____

(8) [mo][ra][rɯ]　　◐ _____

(9) [ri][a][rɯ]　　◐ _____

(10) [re][n][to]　　◐ _____

(11) [wa][i][ɸɯ]　　◐ _____

(12) [ro][ma][N]　　◐ _____

(13) [ra][i][to]　　◐ _____

(14) [ja][ŋ][ki][:]　　◐ _____

(15) [jɯ][mo][a]　　◐ _____

다음 히라가나 단어를 가타카나로 바꾸시오.

보기

あか ● アカ

(1) ゆめ ● _____

(2) ほん ● _____

(3) しま ● _____

(4) もり ● _____

(5) けさ ● _____

(6) あい ● _____

(7) りす ● _____

(8) くろ ● _____

(9) つり ● _____

(10) わか ● _____

(11) きみ ● _____

(12) たる ● _____

(13) へそ ● _____

(14) やく ● _____

(15) そら ● _____

Test
04

다음 가타카나 단어를 히라가나로 바꾸시오.

보기

ヨル ❍ よる

(1) サク ❍ _____

(2) ネコ ❍ _____

(3) ユキ ❍ _____

(4) シチ ❍ _____

(5) ナミ ❍ _____

(6) ヒメ ❍ _____

(7) シワ ❍ _____

(8) ソレ ❍ _____

(9) ラン ❍ _____

(10) オカ ❍ _____

(11) トシ ❍ _____

(12) フエ ❍ _____

(13) テモ ❍ _____

(14) ヨム ❍ _____

(15) カク ❍ _____

다음 오십음도를 완성해보시오.

[a]	[i]	[ɯ]	[e]	[o]
[ka]	[ki]	[kɯ]	[ke]	[ko]
[sa]	[ʃi]	[sɯ]	[se]	[so]
[ta]	[tʃi]	[tsɯ]	[te]	[to]
[na]	[ɲi]	[nɯ]	[ne]	[no]
[ha]	[çi]	[ɸɯ]	[he]	[ho]
[ma]	[mi]	[mɯ]	[me]	[mo]
[ja]		[jɯ]		[jo]
[ra]	[ri]	[rɯ]	[re]	[ro]
[wa]				[o]
[m/n/ŋ]				

Test 06

다음 탁음 · 반탁음표를 완성해보시오.

[ga]	[gi]	[gɯ]	[ge]	[go]
[za]	[ʒi]	[zɯ]	[ze]	[zo]
[da]	[ʥi]	[ʣɯ]	[de]	[do]
[ba]	[bi]	[bɯ]	[be]	[bo]
[pa]	[pi]	[pɯ]	[pe]	[po]

Lesson 04

가타카나 쓰기와 발음(2)

 요음(拗音)

요음(拗音)이란 「イ」단의 음과 「ヤ」행의 음을 합하여 한 박자로 발음하는 소리를 가리킨다. 즉 「イ」단의 「キ·シ·チ·ニ·ヒ·ミ·リ·ギ·ジ·ビ·ピ」의 11음과 「ヤ」행의 「ヤ·ユ·ヨ」 3음을 합하면 새로운 33음이 만들어지는데 이것을 요음(拗音)이라고 한다. 이때 「イ」단의 글자는 원래 크기대로 쓰고 「ヤ」행의 글자는 반으로 줄여서 쓴다.

キャ [kʲa] / kya		キュ [kʲɯ] / kyu		キョ [kʲo] / kyo
シャ [ʃa] / sha		シュ [ʃɯ] / shu		ショ [ʃo] / sho
チャ [tʃa] / cha		チュ [tʃɯ] / chu		チョ [tʃo] / cho
ニャ [ɲa] / nya		ニュ [ɲɯ] / nyu		ニョ [ɲo] / nyo
ヒャ [ça] / hya		ヒュ [çɯ] / hyu		ヒョ [ço] / hyo
ミャ [mʲa] / mya		ミュ [mʲɯ] / myu		ミョ [mʲo] / myo
リャ [rʲa] / rya		リュ [rʲɯ] / ryu		リョ [rʲo] / ryo
ギャ [gʲa] / gya		ギュ [gʲɯ] / gyu		ギョ [gʲo] / gyo
ジャ [ʒa] / ja		ジュ [ʒɯ] / ju		ジョ [ʒo] / jo
ビャ [bʲa] / bya		ビュ [bʲɯ] / byu		ビョ [bʲo] / byo
ピャ [pʲa] / pya		ピュ [pʲɯ] / pyu		ピョ [pʲo] / pyo

요음 쓰기

○ 「ヤ」행

キャ [kʲa] / kya	キャ	キャ			
シャ [ʃa] / sha	シャ	シャ			
チャ [tʃa] / cha	チャ	チャ			
ニャ [ɲa] / nya	ニャ	ニャ			
ヒャ [ça] / hya	ヒャ	ヒャ			
ミャ [mʲa] / mya	ミャ	ミャ			
リャ [rʲa] / rya	リャ	リャ			
ギャ [gʲa] / gya	ギャ	ギャ			
ジャ [ʒa] / ja	ジャ	ジャ			
ビャ [bʲa] / bya	ビャ	ビャ			
ピャ [pʲa] / pya	ピャ	ピャ			

＊「ジャ」와「ザ」는 발음할 때 주의해야 한다.「ジャ」는 '지야'를 줄여서 한 박자로 발음하므로 '쟈'에 가까운 소리가 나고,「ザ」는 원래 한 박자의 소리로 '자'에 가까운 소리가 난다.

○ 「ユ」행

キュ [kʲɯ] / kyu	キュ	キュ			
シュ [ʃɯ] / shu	シュ	シュ			
チュ [ʧɯ] / chu	チュ	チュ			
ニュ [ɲɯ] / nyu	ニュ	ニュ			
ヒュ [çɯ] / hyu	ヒュ	ヒュ			
ミュ [mʲɯ] / myu	ミュ	ミュ			
リュ [rʲɯ] / ryu	リュ	リュ			
ギュ [gʲɯ] / gyu	ギュ	ギュ			
ジュ [ʒɯ] / ju	ジュ	ジュ			
ビュ [bʲɯ] / byu	ビュ	ビュ			
ピュ [pʲɯ] / pyu	ピュ	ピュ			

O 「ョ」행

キョ [kʲo] / kyo	キョ	キョ			
ショ [ʃo] / sho	ショ	ショ			
チョ [tʃo] / cho	チョ	チョ			
ニョ [ɲo] / nyo	ニョ	ニョ			
ヒョ [ço] / hyo	ヒョ	ヒョ			
ミョ [mʲo] / myo	ミョ	ミョ			
リョ [rʲo] / ryo	リョ	リョ			
ギョ [gʲo] / gyo	ギョ	ギョ			
ジョ [ʒo] / jo	ジョ	ジョ			
ビョ [bʲo] / byo	ビョ	ビョ			
ピョ [pʲo] / pyo	ピョ	ピョ			

＊「ジョ」와 「ゾ」는 발음할 때 주의해야 한다. 「ジョ」는 '지요'를 줄여서 한 박자로 발음하므로 '죠'에 가까운 소리가 나고, 「ゾ」는 원래 한 박자의 소리로 '조'에 가까운 소리가 난다.

촉음(促音) 「ッ」

① [k] ← [k] : ブッキング [buɯkkiŋɡɯ] 부킹
② [s] ← [s] : マッスル [massɯrɯ] 근육
③ [t] ← [t] : ダイエット [daietto] 다이어트
④ [p] ← [p] : カップル [kappɯrɯ] 커플

발음(撥音) 「ン」

① [m] ← [m][p][b] : マンモス [mammosɯ] 맘모스
② [n] ← [n][t][d][r][s][z] : コンテスト [kontesɯto] 콘테스트
③ [ŋ] ← [a][k][ɡ][j][w][h] : タンク [taŋkɯ] 탱크
④ 어말 : ジャパン 저팬 [zappaN]

장음(長音) 「ー」

「ー」로 표시하며 모음을 길게 늘여서 발음한다.

① [aa] → [aː] : カード [kaːdo] 카드
② [ii] → [iː] : キーポイント [kiːpointo] 키포인트
③ [ɯɯ] → [ɯː] : フルーツ [pɯrɯːtsɯ] 과일
④ [ee] → [eː] : テーマ [teːma] 테마
⑤ [oo] → [oː] : モーター [moːtaː] 모터

보충학습 1 한국의 지명 일본어로 써보기

① 서울 : ソウル

② 부산 : ブサン

③ 대구 : デグ

④ 대전 : デジョン

⑤ 광주 : グァンジュ

⑥ 전주 : ジョンジュ

⑦ 인천 : インチォン

⑧ 제주도 : ジェジュド

▶ 자신의 주소 써보기 : _____

▶ 학교의 주소 써보기 : _____

 보충학습 2 한국인 성 표기법

김(金)	キム	전(全)	チョン	우(禹)	ウ
이(李)	イ	고(高)	コ	주(朱)	チュ
박(朴)	パク	문(文)	ムン	나(羅)	ナ
최(崔)	チェ	손(孫)	ソン	임(任)	イム
정(鄭)	チョン	양(梁)	ヤン	전(田)	チョン
강(姜)	カン	배(裵)	ペ	민(閔)	ミン
조(趙)	チョ	백(白)	ペク	신(辛)	シン
윤(尹)	ユン	조(曹)	チョ	지(池)	チ
장(張)	チャン	허(許)	ホ	진(陳)	チン
임(林)	イム	남(南)	ナム	엄(嚴)	オム
한(韓)	ハン	심(沈)	シム	원(元)	ウォン
신(申)	シン	유(劉)	ユ	채(蔡)	チェ
오(吳)	オ	노(盧)	ノ	천(千)	チョン
서(徐)	ソ	하(河)	ハ	방(方)	パン
권(權)	クォン	유(俞)	ユ	양(楊)	ヤン
황(黃)	ファン	정(丁)	チョン	공(孔)	コン
송(宋)	ソン	성(成)	ソン	현(玄)	ヒョン
안(安)	アン	곽(郭)	クヮク	강(康)	カン
유(柳)	ユ	차(車)	チャ	함(咸)	ハム
홍(洪)	ホン	구(具)	ク	변(卞)	ぴょン

한류스타 이름 써보기

① 배용준 _____ ② 이병헌 _____

③ 최지우 _____ ④ 장근석 _____

⑤ 카라 _____ ⑥ 빅뱅 _____

▶ 자기 이름 써보기 _____

▶ 친구 또는 가족 이름 써보기

1) _____

2) _____

3) _____

 보충학습 3 외래어 표기법 (문교부고시 제85-11호 1986. 1. 7)

제1장 표기의 원칙

제1항 외래어는 국어의 현용 24자모만으로 적는다.

제2항 외래어의 1음운은 원칙적으로 1기호로 적는다.

제3항 받침에는 'ㄱ, ㄴ, ㄹ, ㅁ, ㅂ, ㅅ, ㅇ'만을 쓴다.

제4항 파열음 표기에는 된소리를 쓰지 않는 것을 원칙으로 한다.

제5항 이미 굳어진 외래어는 관용을 존중하되 그 범위와 용례는 따로 정한다.

제3장 표기 세칙

제6절 일본어의 표기

표4에 따르고, 다음 사항에 유의하여 적는다.

제1항 촉음(促音)〔ッ〕는 'ㅅ'으로 통일해서 적는다.

　　　　보기　サッポロ　　　삿포로

　　　　　　　トットリ　　　돗토리

　　　　　　　ヨッカイチ　　욧카이치

제2항 장모음

　　　　장모음은 따로 표기하지 않는다.

　　　　보기　キュウシュウ(九州)　규슈

　　　　　　　ニイガタ(新潟)　　　　니가타

　　　　　　　トウキョウ(東京)　　　도쿄

　　　　　　　オオサカ(大阪)　　　　오사카

제4장 인명, 지명 표기의 원칙

제3항 일본의 인명과 지명은 과거와 현대의 구분 없이 일본어 표기에 따라 표기하는 것을 원
　　　　칙으로 하되, 필요한 경우 한자를 병기한다.

제4항 중국 및 일본의 지명 가운데 한국 한자음으로 읽는 관용이 있는 것은 이를 허용한다.

　　　　보기　東京-도쿄, 동경　　　京都-교토, 경도

　　　　　　　上海-상하이, 상해　　　台湾-타이완, 대만

　　　　　　　黄河-황허, 황하

제2장 표기 일람표

〈표 4〉 일본어의 가나와 한글 대조표

가 나	한 글	
	어 두	어중·어말
ア イ ウ エ オ	아 이 우 에 오	아 이 우 에 오
カ キ ク ケ コ	가 기 구 게 고	카 키 쿠 케 코
サ シ ス セ ソ	사 시 스 세 소	사 시 스 세 소
タ チ ツ テ ト	다 지 쓰 데 도	타 치 쓰 테 토
ナ ニ ヌ ネ ノ	나 니 누 네 노	나 니 누 네 노
ハ ヒ フ ヘ ホ	하 히 후 헤 호	하 히 후 헤 호
マ ミ ム メ モ	마 미 무 메 모	마 미 무 메 모
ヤ イ ユ エ ヨ	야 이 유 에 요	야 이 유 에 요
ラ リ ル レ ロ	라 리 루 레 로	라 리 루 레 로
ワ(ヰ)ウ(ヱ)ヲ	와(이)우(에)오	와(이)우(에)오
ン		ㄴ
ガ ギ グ ゲ ゴ	가 기 구 게 고	가 기 구 게 고
ザ ジ ズ ゼ ゾ	자 지 즈 제 조	자 지 즈 제 조
ダ ヂ ヅ デ ド	다 지 즈 데 도	다 지 즈 데 도
バ ビ ブ ベ ボ	바 비 부 베 보	바 비 부 베 보
パ ピ プ ペ ポ	파 피 푸 페 포	파 피 푸 페 포
キャ キュ キョ	갸 규 교	캬 큐 쿄
ギャ ギュ ギョ	갸 규 교	갸 규 교
シャ シュ ショ	샤 슈 쇼	샤 슈 쇼
ジャ ジュ ジョ	자 주 조	자 주 조
チャ チュ チョ	자 주 조	차 추 초
ニャ ニュ ニョ	냐 뉴 뇨	냐 뉴 뇨
ヒャ ヒュ ヒョ	햐 휴 효	햐 휴 효
ビャ ビュ ビョ	뱌 뷰 뵤	뱌 뷰 뵤
ピャ ピュ ピョ	퍄 퓨 표	퍄 퓨 표
ミャ ミュ ミョ	먀 뮤 묘	먀 뮤 묘
リャ リュ リョ	랴 류 료	랴 류 료

Test 01

다음 가타카나 단어의 뜻을 써보시오.

(1) アイス　　　（　　　　　　　　）

(2) エアコン　（　　　　　　　　）

(3) キー　　　（　　　　　　　　）

(4) サラダ　　（　　　　　　　　）

(5) ソース　　（　　　　　　　　）

(6) タオル　　（　　　　　　　　）

(7) トマト　　（　　　　　　　　）

(8) バナナ　　（　　　　　　　　）

(9) ハート　　（　　　　　　　　）

(10) メモ　　　（　　　　　　　　）

(11) ヨガ　　　（　　　　　　　　）

(12) ラーメン　（　　　　　　　　）

(13) ロシア　　（　　　　　　　　）

(14) ワイン　　（　　　　　　　　）

(15) ペン　　　（　　　　　　　　）

아래의 단어를 가타카나로 써보시오.

(1) 치킨 ( )

(2) 멜론 ( )

(3) 빵 ( )

(4) 다이어트 ( )

(5) 스키 ( )

(6) 택시 ( )

(7) 스마트폰 ( )

(8) 맥도날드 ( )

(9) 도넛 ( )

(10) 초콜릿 ( )

(11) 커플 ( )

(12) 세트 ( )

(13) 서울 ( )

(14) 대구 ( )

(15) 부산 ( )

 ## 보충학습 4 가타카나 메뉴 읽어 보기

ミスタードーナツ(미스터도넛)

ポン・デ・リング	オールドファッション	フレンチクルーラー
ハニーディップ	チョコレート	メープルスティック プレーン
ハニーチュロ	ドーナツポップ	スティックパイ アップル

출처: http://www.misterdonut.jp/m_menu/donut/index.html

マクドナルド(맥도널드)

チーズロコモコ	グラン　クラブハウス	グラン　ベーコンチーズ
ビッグマック	ダブルチーズバーガー	てりやきマックバーガー
フィレオフィッシュ	ベーコンレタスバーガー	チキンチーズバーガー

출처: http://www.mcdonalds.co.jp/menu/burger/

MEMO

Lesson 05

はじめまして。

학습목표

1. 일본어로 인사를 할 수 있다.
2. 일본어로 자기소개를 할 수 있다.
3. 「~は~です」의 문장을 말할 수 있다.

Lesson 05 　はじめまして。

 회화

イ　　　： はやしせんせい、 おはようございます。

はやし： あ、イさん、おはよう。

　　　　イさん、こちらは たなかさんです。

たなか： はじめまして。わたしは たなかです。

　　　　どうぞ よろしく おねがいします。

イ　　　： はじめまして。わたしは イ・ユリです。

　　　　こちらこそ よろしく おねがいします。

　　　　たなかさんは せんせいですか。

たなか： いいえ、わたしは せんせいでは ありません。

　　　　かいしゃいんです。

　　　　イさんは がくせいですか。

イ　　　： はい、わたしは だいがくせいです。

はじめまして 처음 뵙겠습니다　　　　せんせい 선생님

おはようございます 안녕하십니까(아침인사)

あ 아　　　　　　　　　　　　さん 씨, 님

こちら 이쪽, 사람을 가리킬 때는 '저' 또는 '이분'

～です ～입니다　　　　　　わたし 저

どうぞ 부디　　　　　　　　よろしく 잘

おねがいします 부탁드립니다　　～こそ ～야 말로

～ですか ～입니까?　　　　　～では ありません ～은 아닙니다

かいしゃいん 회사원　　　　　がくせい 학생

はい 네, '아니오'는 「いいえ」　　　だいがくせい 대학생

 **어구**

1. はじめまして

처음 만났을 때 하는 인사로, '시작하다'는 동사 「はじめる」에서 나온 인사말이다.

2. おはようございます

일본어에는 아침, 점심, 저녁, 밤 인사가 시간에 따라 나뉘어져 있다. 「おはようございます」는 아침에서 정오까지 쓰는 인사말이다. 그러나 그날 처음 만났을 때는 오후에도 쓰는 경우가 있다. 또 친근한 사이나 손아랫사람에게는 「おはよう」로 줄여서 쓰기도 한다.

3. さん

「さん」에 딱 들어맞는 표현이 우리말에는 없다. 보통 '씨'라고 하지만, 우리말의 '씨'에 해당하는 말은 일본어의 「氏(し)」이므로 「さん」과는 뜻이 다르다. 굳이 설명하자면 영어의 'Mr. Mrs. Miss'에 해당되는 의미를 가지고 있다. 그러나 영어의 'Mr. Mrs. Miss'가 자신에게도 쓸 수 있는 반면에 일본어의 「さん」은 1인칭인 자기 자신에게는 쓸 수 없고 반드시 2인칭과 3인칭에만 쓸 수 있다.

4. どうぞ よろしく おねがいします

「どうぞ」의 품사는 부사로서, 우리말로는 '부디', '아무쪼록'으로 바꾸어 쓰지만, 이 또한 딱 들어맞는 표현은 아니다. 영어의 'please'의 의미와 가깝다고 할 수 있다. 「よろしく」는 형용사로 '좋다', '괜찮다'의 공손한 표현이지만 여기서는 '잘'로 바꾸면 된다. 「おねがいします」는 동사 「ねがう」의 겸양 표현으로 '부탁드립니다'의 뜻이다. '아무쪼록 잘 부탁드립니다'로 옮기면 된다. 이 문장은 경우에 따라서는 생략해서 여러 가지로 쓸 수 있다.

① よろしく おねがいします。잘 부탁드립니다.

② おねがいします。부탁드립니다.

③ どうぞ よろしく。아무쪼록 잘.

④ よろしく。잘.

⑤ どうぞ。아무쪼록.

 **문법**

1. ~は　~です

　~は　　~です　　~은 ~입니다. (긍정문)
　~は　　~ですか　~은 ~입니까? (의문문)
　~は　　~では ありません　~은 ~이 아닙니다. (부정문)
　~は　　~では ありませんか　~은 ~이 아닙니까? (부정의문문)

　「です」는 정중한 단정 표현이다. 「か」는 의문을 나타내는 조사이다. 일본어에서는 물음표를 쓰지 않고 구점, 「。」를 사용하며, 「か」의 끝을 살짝 올려서 의문문임을 나타낸다. 「ではありません」에서 「は」는 조사이므로 [ha]로 발음하지 않고 [wa]로 발음한다. 「は」는 부조사이므로 생략하여도 말이 통한다. 그러나 「は」를 넣어서 표현하는 경우가 대부분이다. 또 「では」는 회화체에서 「じゃ」로 줄여서 쓰는 경우가 많다.

　~は　　~じゃ ありません　~은 ~이 아닙니다.
　~は　　~じゃ ありませんか　~은 ~이 아닙니까?

2. 지시대명사(인칭)

1인칭	2인칭	3인칭			부정칭
		근칭	중칭	원칭	
わたし ぼく おれ	あなた きみ おまえ	この かた この ひと	その かた その ひと	あの かた あの ひと かれ かのじょ	どの かた どの ひと どなた だれ

3. 지시대명사(방향)

근칭	중칭	원칭	부정칭
こちら こっち	そちら そっち	あちら あっち	どちら どっち
이쪽	그쪽	저쪽	어느 쪽

 **문형**

わたし イさん たなかさん はやしさん	は	せんせい がくせい だいがくせい かいしゃいん	です。 ですか。 では(じゃ) ありません。 では(じゃ) ありませんですか。

연습 1 보기와 같이 문장을 만드시오.

> **보기**
>
> わたし / がくせい ➡ わたしは がくせいです。
> 저　　　　학생　　　　저는 학생입니다.

(1) たなかさん / かいしゃいん ➡ _____
　　다나카　　　　회사원

(2) わたし / だいがくせい ➡ _____
　　저　　　　대학생

(3) はやしせんせい / にほんじん ➡ _____
　　하야시선생님　　　　일본인

(4) イさん / かんこくじん ➡ _____
　　이씨　　　　한국인

연습 2 보기와 같이 문장을 만드시오.

> **보기**
>
> あなた / がくせい ◐ あなたは がくせいですか。
> 당신　　　학생　　　　　당신은 학생입니까?

(1) たなかさん / フリーター ◐ _____
　　다나카　　　　프리터

(2) あなた / こうこうせい ◐ _____
　　당신　　　고교생

(3) はやしせんせい / かんこくじん ◐ _____
　　하야시선생님　　　　한국인

(4) イさん / にほんじん ◐ _____
　　이씨　　　일본인

연습 3 보기와 같이 문장을 만드시오.

보기

わたし / がくせい
저   학생

● わたしは がくせいでは(じゃ) ありません。
　저는 학생이 아닙니다.

---

(1) たなかさん / こうむいん ● _____
　다나카씨　　　공무원

(2) わたし / こうこうせい ● _____
　저　　　고교생

(3) はやしせんせい / アメリカじん ● _____
　하야시선생님　　　미국인

(4) イさん / ちゅうごくじん ● _____
　이씨　　중국인

보기와 같이 문장을 만드시오.

> **보기**
>
> あなた / がくせい
> 당신　　　학생
>
> ● あなたは がくせいでは(じゃ) ありませんか。
> 당신은 학생이 아닙니까?

(1) たなかさん / かいしゃいん ● _____
다나카씨　　　회사원

(2) あなた / だいがくせい ● _____
당신　　　대학생

(3) はやしせんせい / にほんじん ● _____
하야시선생님　　　일본인

(4) イさん / かんこくじん ● _____
이씨　　　한국인

연습 5　보기와 같이 문장을 만드시오.

> **보기**
>
> たなかさん ・ がくせい / かいしゃいん
> 다나카씨　　　　 학생　　　　 회사원
>
> A: たなかさんは がくせいですか。
> 　　다나카씨는 학생입니까?
>
> B: はい、たなかさんは がくせいです。
> 　　네, 다나카씨는 학생입니다.
>
> C: いいえ、たなかさんは がくせいでは(じゃ) ありません。
> 　　아니오, 다나카씨는 학생이 아닙니다.
> 　　かいしゃいんです。
> 　　회사원입니다.

(1) イさん・せんせい / だいがくせい
　　이씨　　선생님　　　　대학생
　　A : _____
　　B : _____
　　C : _____

(2) はやしせんせい・にほんじん / ちゅうごくじん
　　하야시선생님　　　　 일본인　　　　　 중국인
　　A : _____
　　B : _____
　　C : _____

(3) あなた・こうむいん / フリーター
　　당신　　　공무원　　　　 프리터
　　A : _____
　　B : _____
　　C : _____

다음 문장을 일본어로 고치시오.

(1) A : 당신은 대학생입니까?

_____

B : 네, 저는 대학생입니다.

_____

C : 아니오, 저는 대학생이 아닙니다. 고등학생입니다.

_____

(2) A : 다나카씨는 공무원입니까?

_____

B : 네, 저는 공무원입니다.

_____

C : 아니오, 저는 공무원이 아닙니다. 회사원입니다.

_____

(3) A : 이씨는 고등학생이 아닙니까?

_____

B : 네, 이씨는 고등학생이 아닙니다.

_____

C : 이씨는 대학생입니다.

_____

(4) A : 하야시선생님은 중국인이 아닙니까?

_____

B : 네, 하야시선생님은 중국인이 아닙니다.

_____

C : 하야시선생님은 일본인입니다.

_____

 보충학습 1 한자 쓰기

林	수풀 림 りん はやし	林	林	林	林	林
先	먼저 선 せん さき	先	先	先	先	先
生	날 생 せい うま(れる)	生	生	生	生	生
田	밭 전 でん た	田	田	田	田	田
中	가운데 중 ちゅう/じゅう なか	中	中	中	中	中
私	사사 사 し わたし	私	私	私	私	私
会	모을 회 かい あ(う)	会	会	会	会	会
社	모일 사 しゃ やしろ	社	社	社	社	社
員	인원 원 いん かず	員	員	員	員	員
大	클 대 たい/だい おお(きい)	大	大	大	大	大

学	배울 학 がく まな(ぶ)	学	学	学	学	学
日	날 일 にち/じつ ひ/か	日	日	日	日	日
本	근본 본 ほん もと	本	本	本	本	本
人	사람 인 じん/にん ひと	人	人	人	人	人
韓	한나라 한 かん	韓	韓	韓	韓	韓
国	나라 국 こく くに	国	国	国	国	国
高	높을 고 こう たか(い)	高	高	高	高	高
校	학교 교 こう	校	校	校	校	校
公	공변될 공 こう おおやけ	公	公	公	公	公
務	힘쓸 무 む つと(める)	務	務	務	務	務

 보충학습 2 한자단어 쓰기

단어	읽기	연습			
林	はやし				
先生	せんせい				
田中	たなか				
私	わたし				
会社員	かいしゃいん				
学生	がくせい				
大学生	だいがくせい				
日本人	にほんじん				
韓国人	かんこくじん				
高校生	こうこうせい				
公務員	こうむいん				
中国人	ちゅうごくじん				

おはようございます。	안녕하십니까? (아침 인사)
おはよう。	안녕.
こんにちは。	안녕하십니까? (낮 인사)
こんばんは。	안녕하십니까? (저녁 인사)
おやすみなさい。	편히 쉬십시오. (밤 인사)
おやすみ。	쉬어.
さようなら。	안녕히 가십시오. (계십시오)
じゃ、また。	그럼, 또.
しつれいします。	실례합니다.
ありがとうございます。	감사합니다.
ありがとう。	고마워.
すみません。	미안합니다.
いいえ。	아니.
いってきます。	다녀오겠습니다.
いっていらっしゃい。	잘 다녀오세요.
ただいま。	다녀왔습니다.
おかえりなさい。	어서 오세요.
おかえり	어서 와.
いただきます。	잘 먹겠습니다.
ごちそうさまでした。	덕분에 잘 먹었습니다.
ごちそうさま	잘 먹었어.
はじめまして。	처음 뵙겠습니다.
わたしは キム・ミラと もうします。	저는 김미라입니다.
どうぞ よろしく おねがいします。	아무쪼록 잘 부탁드립니다.

MEMO

Lesson 06

これは なんですか。

Lesson 06　これは　なんですか。

 회화

イ　　　：　それは　なんですか。

さとう：　これは　きょうかしょです。

イ　　　：　なんの　きょうかしょですか。

さとう：　にほんごの　きょうかしょです。

イ　　　：　ところで、あれは　なんですか。

さとう：　かぞくの　しゃしんです。

イ　　　：　あ、そうですか。

　　　　　　この　かたは　おかあさんですか。

さとう：　はい、わたしの　ははです。

イ　　　：　では、この　ひとは　だれですか。

さとう：　わたしの　いもうとです。

 **단어**

これ 이것	それ 그것
あれ 저것	なん 무엇, 무슨
きょうかしょ 교과서	にほんご 일본어
ところで 그런데	かぞく 가족
しゃしん 사진	そうです 그렇습니다
この かた 이분	おかあさん (다른 사람의) 어머니
では 그럼, 줄여서 「じゃ」로 쓴다.	はは (자기) 어머니
この ひと 이 사람	だれ 누구
いもうと 여동생	

어구

1. なんですか / だれですか

무엇인지 몰라서 상대방에게 물어볼 때 쓰는 표현으로, 사물인 경우에는 「なん」을 사용하고, 사람일 경우에는 「だれ」 혹은 「どなた」를 사용한다. 「だれ」는 동등하거나 손아래 사람에게 쓰며, 「どなた」는 손위 사람에게 사용한다.

「何」은 「なに」, 「なん」 두 가지로 읽을 수 있는데, 「なん」은 다음에 오는 발음이 [n], [t], [d] 인 경우가 대부분이고, 그 외의 발음이 올 때는 주로 「なに」로 읽는다.

2. ところで

갑자기 화제를 바꿀 때 쓰는 말로 접속사이다. 우리말로는 '그런데', '그것은 그렇고'로 바꾸면 무난하다.

3. そうですか

'그렇게', '그리'의 뜻을 가진 부사 「そう」에 조동사 「です」가 붙어서 만들어진 연어이다. 인토네이션에 따라서 의미가 약간씩 변화한다.

そうです。　　그렇습니다.

そうですか。　　그렇습니까?

そうでは(じゃ) ありません。　　그렇지 않습니다.

そうでは(じゃ) ありませんか。　　그렇지 않습니까?

 **문법**

1. 조사 「の」의 용법

조사 「の」의 용법은 아주 다양하다. 위의 회화에 나오는 조사는 소유나 소속을 나타내는 격조사 중의 하나로, 뜻은 '~의' 라는 의미를 가지고 있다. 그리고 일본어에서는 명사와 명사 사이에 조사 「の」에 들어가는 경우가 대부분이다. 우리말로 옮길 때에는 '~의'는 생략하는 경우가 많다. 「にほんごの きょうかしょ」나 「かぞくの しゃしん」처럼 명사와 명사 사이에는 항상 「の」가 들어가지만, 우리말로 옮길 때에는 '일본어 교과서', '가족 사진'과 같이 '~의'를 생략한다. 너무 '~의'에 집착하면 일본어를 직역하였다는 뉘앙스를 풍긴다.

2. 지시대명사(사물)

근칭	중칭	원칭	부정칭
これ	それ	あれ	どれ
이것	그것	저것	어느 것

3. 연체사

근칭	중칭	원칭	부정칭
この	その	あの	どの
이것	그것	저것	어느 것

일본어에는 10품사가 있다. 그 중 하나가 연체사이다. 연체사는 활용이 없고 명사 앞에서 명사를 꾸며준다. 대표적인 연체사가 「この, その, あの, どの」이고 그 외에도 「ある ひ」(어느 날), 「さる にちようび」(지난 일요일), 「たいした こと」(대단한 일), 「おおきな つくえ」(큰 책상) 등이 있다.

4. 가족 호칭

	자기 가족	남의 가족	가족끼리 부를 때
부	ちち	おとうさん	おとうさん
모	はは	おかあさん	おかあさん
형, 오빠	あに	おにいさん	おにいさん
누나, 언니	あね	おねえさん	おねえさん
남동생	おとうと	おとうとさん	이름
여동생	いもうと	いもうとさん	이름
아들	むすこ	むすこさん	이름
딸	むすめ	むすめさん	이름
조부	そふ	おじいさん	おじいさん
조모	そぼ	おばあさん	おばあさん
손자	まご	おまごさん	이름
아저씨	おじ	おじさん	おじさん
아주머니	おば	おばさん	おばさん
남편	しゅじん	ごしゅじん	あなた
아내	かない	おくさん	あなた

　우리나라의 경어가 사람에 대한 절대적 경어체계라고 한다면, 일본어의 경어체계는 관계에 의한 상대적인 경어체계라고 할 수 있다. 예를 들어 우리나라에서는 나의 아버지도 '아버지'라고 하고, 상대방이나 화제에 오른 사람의 아버지도 '아버지'라고 한다. 그러나 일본어에서는 나의 아버지는 '아비'로, 상대방이나 화제에 오른 사람의 아버지는 '아버님'이라고 표현한다. 동생의 경우에도 나의 동생은 '동생'이고, 상대방이나 화제에 오른 사람의 동생은 '동생님'이 된다.

　또 주의해야 할 것은 「あに」, 「おにいさん」이 일본어에서는 형님과 오빠의 두 가지 뜻이 있으며, 「あね」, 「おねえさん」이 누나와 언니의 두 가지 뜻이 있다. 또 우리는 동생의 남녀 구별이 없는 반면에 일본어에서는 「おとうと」, 「いもうと」로 남녀의 구별이 명확하다.

문형 1

にほんご えいご たなかさん イさん かれ かのじょ	の	ほん じしょ しゃしん かばん ざっし ケータイ

문형 2

この その あの どの	ほん ざっし ひと かた

연습 1　보기와 같이 문장을 만드시오.

> **보기**
>
> 　　(にほんご / ほん)
> A : これは なんですか。
> B : それは にほんごの ほんです。

(かんこくご / じしょ)
(1) A : これは なんですか。
　　B : _____

(せんせい / かばん)
(2) A : これは なんですか。
　　B : _____

(ともだち / ケータイ)
(3) A : それは なんですか。
　　B : _____

(イさん / じしょ)
(4) A : それは なんですか。
　　B : _____

(かれ / スマートフォン)
(5) A : あれは なんですか。
　　B : _____

보기와 같이 문장을 만드시오.

보기

A: この かたは あなたの おかあさんですか。

B: はい、わたしの ははです。

---

(1) A : この かたは あなたの おとうさんですか。

    B : はい、わたしの ＿＿＿＿＿＿＿＿＿＿＿＿＿＿＿

(2) A : この かたは あなたの おにいさんですか。

    B : はい、わたしの ＿＿＿＿＿＿＿＿＿＿＿＿＿＿＿

(3) A : この かたは あなたの おねえさんですか。

    B : はい、わたしの ＿＿＿＿＿＿＿＿＿＿＿＿＿＿＿

(4) A : この かたは あなたの おとうとさんですか。

    B : はい、わたしの ＿＿＿＿＿＿＿＿＿＿＿＿＿＿＿

(5) A : この かたは あなたの いもうとさんですか。

    B : はい、わたしの ＿＿＿＿＿＿＿＿＿＿＿＿＿＿＿

(6) A : この かたは あなたの おくさんですか。

    B : はい、わたしの ＿＿＿＿＿＿＿＿＿＿＿＿＿＿＿

(7) A : この かたは あなたの ごしゅじんですか。

    B : はい、わたしの ＿＿＿＿＿＿＿＿＿＿＿＿＿＿＿

연습 3 보기와 같이 문장을 만드시오.

> **보기**
>
> じしょ / にほんご
>
> A : それは なんですか。
>
> B : これは じしょです。
>
> A : なんの じしょですか。
>
> B : にほんごの じしょです。

(1) ざっし / りょこう

A : それは なんですか。

B : _____

A : _____

B : _____

(2) アプリ / ゲーム

A : それは なんですか。

B : _____

A : _____

B : _____

⑶ しゃしん / かぞく

A：それは なんですか。

B：_____

A：_____

B：_____

⑷ きょうかしょ / えいご

A：それは なんですか。

B：_____

A：_____

B：_____

작문 다음 문장을 일본어로 고치시오.

(1) A: 이것은 무엇입니까?

_____

B : 교과서 입니다.

_____

(2) A: 그것은 무슨 잡지입니까?

_____

B: 쇼핑 잡지입니다.

_____

(3) A : 이분은 누구입니까?

_____

B: 다나카씨의 형님입니다.

_____

(4) A : 저분은 누구입니까?

_____

B : 저의 삼촌입니다.

_____

(5) A : 저분은 누구입니까?

_____

B : 사토씨의 부인입니다.

_____

何	어찌 하 か なに/なん	何	何	何	何	何
教	가르칠 교 きょう おし(える)	教	教	教	教	教
科	과정 과 か しな	科	科	科	科	科
書	글 서 しょ か(く)	書	書	書	書	書
語	말씀 어 ご かた(る)	語	語	語	語	語
家	집 가 か いえ	家	家	家	家	家
族	겨레 족 ぞく やから	族	族	族	族	族
写	베낄 사 しゃ うつ(す)	写	写	写	写	写
真	참 진 しん まこと	真	真	真	真	真
方	모 방 ほう かた	方	方	方	方	方

誰	누구 수 すい だれ	誰	誰	誰	誰	誰
父	아비 부 ふ ちち	父	父	父	父	父
母	어미 모 ぼ はは	母	母	母	母	母
兄	맏 형 けい あに	兄	兄	兄	兄	兄
姉	누이 자 し あね	姉	姉	姉	姉	姉
弟	아우 제 てい おとうと	弟	弟	弟	弟	弟
妹	손아래누이 매 まい いもうと	妹	妹	妹	妹	妹
息	숨 쉴 식 そく いき	息	息	息	息	息
子	아들 자 し こ	子	子	子	子	子
娘	각시 낭 じょう むすめ	娘	娘	娘	娘	娘
祖	할아비 조 そ	祖	祖	祖	祖	祖

孫	손자 손 そん まご	孫	孫	孫	孫	孫
叔	아재비 숙 しゅく	叔	叔	叔	叔	叔
主	주인 주 しゅ ぬし	主	主	主	主	主
内	안 내 ない うち	内	内	内	内	内
奥	속 오 おう おく	奥	奥	奥	奥	奥
英	꽃뿌리 영 えい ひい(でる)	英	英	英	英	英
辞	말 사 じ ことば	辞	辞	辞	辞	辞
雑	섞일 잡 ざつ まじる	雑	雑	雑	雑	雑
誌	기록할 지 し	誌	誌	誌	誌	誌
友	벗 우 ゆう とも	友	友	友	友	友
達	통달할 달 たつ/たち	達	達	達	達	達

彼	저 피 ひ かれ	彼	彼	彼	彼	彼
女	계집 녀 じょ おんな	女	女	女	女	女
携	가질 휴 けい たずさ(える)	携	携	携	携	携
帯	띠 대 たい おび	帯	帯	帯	帯	帯
旅	나그네 려 りょ たび	旅	旅	旅	旅	旅
行	다닐 행 こう い(く)	行	行	行	行	行

보충학습 2 한자단어 쓰기

단어	읽기	연습			
何	なん/なに				
教科書	きょうかしょ				
日本語	にほんご				
家族	かぞく				
写真	しゃしん				
方	かた				
父	ちち				
母	はは				
兄	あに				
弟	おとうと				
姉	あね				
妹	いもうと				
息子	むすこ				
娘	むすめ				
祖父	そふ				
祖母	そぼ				
孫	まご				
叔父	おじ				
叔母	おば				

主人	しゅじん				
家内	かない				
奥さん	おくさん				
本	ほん				
英語	えいご				
辞書	じしょ				
雑誌	ざっし				
彼	かれ				
彼女	かのじょ				
携帯	けいたい				
韓国語	かんこくご				
友達	ともだち				
旅行	りょこう				

Lesson 07

わたしのです。

Lesson 07 わたしのです。

 회화

イ　　　： それは テニスの ラケットですか。

すずき： いいえ、これは バドミントンの ラケットです。

イ　　　： その ラケットは あなたのですか。

すずき： はい、わたしのです。

イ　　　： では、あの ボールも あなたのですか。

すずき： いいえ、この ラケットは わたしので、

　　　　　あの ボールは たなかさんのです。

イ　　　： わたしは いま だいがく いちねんせいです。

　　　　　にねん まえは こうこう にねんせいでした。

すずき： わたしも いま だいがく いちねんせいですが、

　　　　　よねん まえは ちゅうがく さんねんせいでした。

단어

テニス 테니스	ラケット 라켓
バドミントン 배드민턴	あなた 당신
ボール 볼	いま 지금
だいがく 대학	いちねんせい 일학년
にねん 이년	まえ 전
こうこう 고교	にねんせい 이학년
～でした ～이었습니다	も 도
が 만	よねん 사년
ちゅうがく 중학	さんねんせい 삼학년

⭐ 어구

1. ~で

「~で」는 단정을 나타내는 조동사 「だ」의 연용형으로 앞 문장을 뒤 문장에 접속시킬 때 사용한다. '~이고'의 뜻이다.

① これは ほんです。 それは ざっしです。　이것은 책입니다. 저것은 잡지입니다.

　❶ これは ほん<u>で</u>、 それは ざっしです。　이것은 책이고, 저것은 잡지입니다.

② イさんは がくせいです。 はやしさんは せんせいです。

　이씨는 학생입니다. 하야시씨는 선생님입니다.

　❶ イさんは がくせい<u>で</u>、 はやしさんは せんせいです。

　이씨는 학생이고, 하야시씨는 선생님입니다.

2. ~も

조사 「~も」는 동일한 사항 중 하나를 예시하여 이 외에도 다른 무엇이 있음을 나타낸다. '~도'의 뜻이다.

この ほん<u>も</u> わたしのです。　이 책도 저의 것입니다.

これ<u>も</u> あなたの ざっしですか。　이것도 당신 잡지입니까?

3. ~が

조사 「~が」는 앞 문장의 끝에 붙어, 뒤 문장과 역접접속관계를 나타낸다. '~만', '~이지만', '~하지만'의 뜻이다.

① これは しんぶんです。それは ざっしです。

　이것은 신문입니다. 저것은 잡지입니다.

　❶ これは しんぶんです<u>が</u>、それは ざっしです。

　이것은 신문입니다만, 저것은 잡지입니다.

② イさんは がくせいです。たなかさんは かいしゃいんです。

　이씨는 학생입니다. 다나카씨는 회사원입니다.

　❶ イさんは がくせいです<u>が</u>、たなかさんは かいしゃいんです。

　이씨는 학생입니다만, 다나카씨는 회사원입니다.

 문법

1. 조동사 「です」의 활용

	긍정	의문	부정	부정의문
현재	です	ですか	では(じゃ) ありません	では(じゃ) ありませんか
과거	でした	でしたか	では(じゃ) ありません でした	では(じゃ) ありません でしたか

あなたは がくせいです。　당신은 학생입니다.

あなたは がくせいでした。 당신은 학생이었습니다.

あなたは がくせいですか。　당신은 학생입니까?

あなたは がくせいでしたか。　당신은 학생이었습니까?

あなたは がくせいでは(じゃ) ありません。　당신은 학생이 아닙니다.

あなたは がくせいでは(じゃ) ありませんでした。　당신은 학생이 아니었습니다.

あなたは がくせいでは(じゃ) ありませんか。　당신은 학생이 아닙니까?

あなたは がくせいでは(じゃ) ありませんでしたか。　당신은 학생이 아니었습니까?

2. 준체조사

　조사 중에서 특히 체언(=명사)의 자격을 가진 조사를 준체조사(準体助詞)라고 한다. 준체조사 「の」는 두 종류가 있는데, 하나는 구절을 명사화시키는 「の」와, 다른 하나는 명사 대신에 사용하는 「の」가 있다. 이 과에서는 자명한 사실이나 이미 알고 있는 단어를 생략하기 위해 사용되었다. 뜻은 '~의 것'이다.

　これは たなかさんの かばんですか。　이것은 다나카씨의 가방입니까?

　はい、 わたしの かばんです。　네, 저의 가방입니다.

조사 「の」+ 이미 알고 있는 명사 「かばん」을 줄여서 준체조사 「の」를 사용하여,

　はい、 わたしのです。　네, 저의 것입니다.

로 표현한다.

 **문형 1**

これ それ あれ	は も	ボール ほん ざっし テニスの ラケット バドミントンの ラケット あなたの せんせいの	です。 でした。 ですか。 でしたか。 では(じゃ) ありません。 では(じゃ) ありませんか。 では(じゃ) ありませんでした。 では(じゃ) ありませんでしたか。

 **문형 2**

これ それ あれ	は	ラケット ボール ほん ざっし あなたの せんせいの	で、	それ これ あれ	は	ボール ほん ざっし ラケット せんせいの あなたの	です。

 **문형 3**

これ それ あれ	は	ラケット ボール ほん ざっし あなたの せんせいの	ですが、	それ これ あれ	は	ボール ほん ざっし ラケット せんせいの あなたの	です。

보기와 같이 문장을 만드시오.

보기

わたし / がくせい ◑ わたしは がくせいでした。

---

(1) たなかさん / かいしゃいん

◑ _____

(2) わたし / こうこうせい

◑ _____

(3) はやしさん / せんせい

◑ _____

(4) イさん / ちゅうがくせい

◑ _____

연습 2 보기와 같이 문장을 만드시오.

> **보기**
>
> わたし / がくせい ● わたしは がくせいでしたか。

(1) たなかさん / フリーター

● _____

(2) あなた / こうこうせい

● _____

(3) はやしさん / せんせい

● _____

(4) イさん / しょうがくせい

● _____

연습 3 보기와 같이 문장을 만드시오.

보기

わたし / がくせい

◐ わたしは がくせいでは(じゃ) ありませんでした。

(1) たなかさん / こうむいん

◐ _____

(2) わたし / こうこうせい

◐ _____

(3) はやしさん / かいしゃいん

◐ _____

(4) イさん / だいがくせい

◐ _____

연습 4 보기와 같이 문장을 만드시오.

> **보기**
>
> わたし / がくせい
>
> ● わたしは がくせいでは(じゃ) ありませんでしたか。

(1) たなかさん / かいしゃいん

● _____

(2) あなた / だいがくせい

● _____

(3) はやしさん / せんせい

● _____

(4) イさん / しょうがくせい

● _____

보기와 같이 문장을 만드시오.

> **보기**
>
> これは ほんです。それは ノートです。
> ➡ これは ほんで、それは ノートです。

(1) これは テニスの ラケットです。あれは バドミントンの ラケットです。

➡ _____

(2) この ほんは かんこくごの ほんです。その ほんは にほんごの ほんです。

➡ _____

(3) これも くるまです。あれも くるまです。

➡ _____

(4) これは わたしのです。それは あなたのです。

➡ _____

(5) わたしのは これです。せんせいのは それです。

➡ _____

(6) この かばんは イさんのです。あの ハンドバッグは キムさんのです。

➡ _____

연습 6   보기와 같이 문장을 만드시오.

> **보기**
>
> これは　ほんです。それはノートです。
> ➲ これは　ほんですが、それはノートです。

(1) これは テニスの ラケットです。あれは バドミントンの ラケットです。

➲ _____

(2) この ほんは かんこくごの ほんです。その ほんは にほんごの ほんです。

➲ _____

(3) これも くるまです。あれも くるまです。

➲ _____

(4) これは わたしのです。それは あなたのです。

➲ _____

(5) わたしのは これです。せんせいのは それです。

➲ _____

(6) この かばんは イさんのです。あの ハンドバックは キムさんのです。

➲ _____

(1) 이 라켓은 다나카씨의 것입니다.

_____

(2) 저 공도 스즈키씨의 것입니다.

_____

(3) 이 라켓은 다나카씨의 것이고,

_____

(4) 저 공은 스즈키씨의 것입니다.

_____

(5) 저는 지금 대학교 삼학년입니다.

_____

(6) 사년 전에는 고교 삼학년이었습니다.

_____

(7) 지금은 대학교 일학년입니다만,

_____

(8) 이년 전에는 고교 이학년이었습니다.

_____

 보충학습 1 한자 쓰기

鈴	방울 령 れい すず	鈴	鈴	鈴	鈴	鈴
木	나무 목 ぼく き	木	木	木	木	木
今	이제 금 きん/こん いま	今	今	今	今	今
年	해 년 ねん とし	年	年	年	年	年
前	앞 전 ぜん まえ	前	前	前	前	前
新	새 신 しん あたら(しい)	新	新	新	新	新
聞	들을 문 ぶん き(く)	聞	聞	聞	聞	聞
小	작을 소 しょう ちい(さい)	小	小	小	小	小
車	수레 차/거 しゃ くるま	車	車	車	車	車
一	한 일 いち/いつ ひとつ	一	一	一	一	一

二	두 이 に ふたつ	二	二	二	二	二
三	석 삼 さん みっつ	三	三	三	三	三
四	넉 사 し よっつ/よん/よ	四	四	四	四	四
五	다섯 오 ご いつつ	五	五	五	五	五
六	여섯 륙 ろく むっつ	六	六	六	六	六
七	일곱 칠 しち/しつ ななつ/なな	七	七	七	七	七
八	여덟 팔 はち やっつ	八	八	八	八	八
九	아홉 구 きゅう/く ここのつ	九	九	九	九	九
十	열 십 じゅう とお	十	十	十	十	十

 ## 보충학습 2 한자단어 쓰기

단어	읽기	연습			
鈴木	すずき				
今	いま				
一年生	いちねんせい				
二年	にねん				
前	まえ				
高校生	こうこうせい				
二年生	にねんせい				
四年	よねん				
中学生	ちゅうがくせい				
小学生	しょうがくせい				
三年生	さんねんせい				
新聞	しんぶん				
車	くるま				

보충학습 3

(1) 숫자

1	いち	2	に	3	さん	4	し よん/よ	5	ご
6	ろく	7	しち なな	8	はち	9	きゅう く	10	じゅう
100	ひゃく	천	せん	만	まん	억	おく	조	ちょう

(2) 학년

1학년	いちねんせい
2학년	にねんせい
3학년	さんねんせい
4학년	よねんせい
5학년	ごねんせい
6학년	ろくねんせい

MEMO

Lesson 08

ちょっと 高（たか）いですね。

Lesson 08 ちょっと 高いですね。

 회화

店員： いらっしゃいませ。

李　： この シャツは いくらですか。

店員： それは　1万 2千円です。

李　： ちょっと 高いですね。

店員： じゃ、こちらの シャツは いかがですか。

　　　高く ありません。 安いですよ。

李　： それは いくらですか。

店員： 7,400円です。

店員： いらっしゃいませ。

田中： すみません。ハンバーガー 1つと サラダ 1つ ください。

店員： はい、 お飲み物は いかがですか。

田中： そうですね。ええと、コーラを ください。

　　　では、 全部で いくらですか。

店員： はい、 950円です。

いらっしゃいませ 어서 오십시오, 어서 오세요

シャツ 셔츠

いくら 얼마

ちょっと 조금

高_{たか}い (값이) 비싸다, (산이) 높다, (키가)크다

~ね / ~よ ~요, ~군요

じゃ 그럼「では」의 축약형

いかがですか 어떻습니까?

安_{やす}い 싸다

すみません 죄송합니다, 여보세요

ハンバーガー 햄버거

サラダ 샐러드

ください 주십시오「くださる」의 명령형

お飲_のみ物_{もの} 마실 것, 음료

そうですね 글쎄요

ええと 음…

コーラ 콜라

全部_{ぜんぶ}で 전부 다해서

 어구

1. いらっしゃいませ

「いらっしゃいませ」는 「くる(오다), いる(있다), いく(가다)」의 존경어인 「いらっしゃる」에 「ます」가 붙은 「いらっしゃいます」의 명령형이다. 그러나 '계십시오'나 '가십시오'에는 잘 쓰지 않고 대부분 '오십시오'의 표현에 쓴다. '어서'는 우리말 '어서 오십시오'와 맞추기 위하여 들어간 단어이다.

2. 高い

「高い」는 3가지 뜻이 있다. 즉 '(값이) 비싸다', '(산이) 높다', '(키가)크다' 등이다

シャツが 高いです。 셔츠가 비쌉니다.

山が 高いです。 산이 높습니다.

背が 高いです。 키가 큽니다.

3. ～ね/～よ

「～ね/～よ」는 조사 중에서도 종조사라고 하여 말을 끝낼 때 사용한다. 「～です」로 끝나는 문장이 '～입니다'라고 한다면 '～ですね」나 「～ですよ」는 '～이군요', '～이지요'로 말을 부드럽게 하거나, 상대에게 동의를 구하거나 다짐하는 데 쓴다. 상대방에게 공손하게 말해야 할 경우에는 가능하면 이 표현을 삼가는 것이 좋다.

4. いかがですか

「いかがですか」는 「どうですか」의 겸양어이다. 「いかがですか」 앞에 「おかわり」(같은 음식을 다시 더 먹음)가 붙으면 「おかわり いかがですか」라는 문장이 되면 '더 드시겠습니까?'라는 말이 된다.

5. すみません

「すみません」은 '죄송합니다'의 뜻이지만 다른 사람을 부를 때도 쓰인다. '여보세요'라는 뜻이다. 한편 「もしもし」는 전화로 상대방을 호출할 때 쓰는 '여보세요'이다.

6. そうですね

「そうですね」는 「そうです」 '그렇습니다'의 말을 부드럽게 하는 용법과 무슨 일에 즉답을 피하고 망설이거나 완곡한 부정을 나타내는 두 가지 용법이 있다.

これは 本ですか。 はい、そうですね。 이것은 책입니까? 네, 그렇지요.

これは いかがですか。 そうですね。 이것은 어떻습니까? 글쎄요.

 **문법**

い형용사

일본어 외의 언어에서 대부분 형용사로 분류되는 단어가 일본어에서는 형용사와 형용동사로 나누어진다. 또 외국어교육에서는 형용사를 「い형용사」, 형용동사를 「な형용사」로 구분하기도 한다.

품사는 ① 형태, ② 기능, ③ 의미를 기준으로 분류하는데, 이 세 가지가 일치하면 같은 품사가 되고, 하나라도 다르면 다른 품사가 된다. 형용사(い형용사)와 형용동사(な형용사)는 기능과 의미에서는 일치하지만 형태, 즉 기본형의 어미 모양이 다르므로 다른 품사가 된다.

い형용사는 세 가지 특징을 가지고 있다. ① 사물의 성질이나 형태를 나타낸다. ② 기본형의 어미가 「~い」로 끝난다. ③ 활용을 한다. 다시 말하면 어미 「~い」가 다음에 오는 단어에 따라 어미가 변화한다.

기본형	おもしろ	い	재미있다
정중형	おもしろ	いです	재미있습니다.
수식형	おもしろ	いほん	재미있는 책
부정형	おもしろ	く(は) ないです く(は) ありません	재미있지 않습니다
연결형	おもしろ	くて	재미있고/재미있어서

연습 1 い형용사의 활용형을 만들어 보시오.

기본형	おおき	い	크다
정중형			
수식형		はな	
부정형			
연결형			

기본형	かわい	い	귀엽다
정중형			
수식형		はな	
부정형			
연결형			

기본형	やさし	い	상냥하다
정중형			
수식형		ひと	
부정형			
연결형			

기본형	い よ	い	좋다
정중형	い い よ	いです	좋습니다
수식형	い い よ	いひと	좋은 사람
부정형	い	く(は) ないです(×) く(は) ありません(×)	
부정형	よ	く(は) ないです く(は) ありません	좋지 않습니다
연결형	い	くて(×)	
연결형	よ	くて	좋고/좋아서

 **문형 1**

本 彼 シャツ 頭	は	おもしろ やさし たか	いです。

かばん 彼女 ノート 鉛筆	は	ちいさ かわい やす よ	く（は）ありません。

연습 2　보기와 같이 문장을 만드시오.

> **보기**
>
> 日本語^{にほんご} / おもしろい
>
> A : 日本語^{にほんご}は おもしろいですか。
>
> B : はい、おもしろいです。
>
> C : いいえ、おもしろく(は) ありません。

(1) 彼女^{かのじょ} / かわいい

A : _____

B : _____

C : _____

(2) 彼^{かれ} / やさしい

A : _____

B : _____

C : _____

(3) 金先生^{キムせんせい} / こわい

A : _____

B : _____

C : _____

보충학습 1 고유숫자 세기

한 개	ひとつ	一つ
두 개	ふたつ	二つ
세 개	みっつ	三つ
네 개	よっつ	四つ
다섯 개	いつつ	五つ
여섯 개	むっつ	六つ
일곱 개	ななつ	七つ
여덟 개	やっつ	八つ
아홉 개	ここのつ	九つ
열 개	とお	十
몇 개	いくつ	幾つ

문형 2

コーヒー ケーキ ハンバーガー お好み焼き	を	ください。

연습 3   보기와 같이 문장을 만드시오.

> **보기**
>
> サラダ / 三つ
> ○ サラダを 三つ ください。

(1) うどん / 二つ

   ○ _____

(2) コーヒー / 四つ

   ○ _____

(3) たこやき / 八つ

   ○ _____

(4) アイスクリーム / 五つ

   ○ _____

보충학습 2 금액 표현

	一	十	百	千	万
1	いち	じゅう	ひゃく	せん	いちまん
2	に	にじゅう	にひゃく	にせん	にまん
3	さん	さんじゅう	さんびゃく	さんぜん	さんまん
4	し/よん/よ	よんじゅう	よんひゃく	よんせん	よんまん
5	ご	ごじゅう	ごひゃく	ごせん	ごまん
6	ろく	ろくじゅう	ろっぴゃく	ろくせん	ろくまん
7	しち/なな	ななじゅう	ななひゃく	ななせん	ななまん
8	はち	はちじゅう	はっぴゃく	はっせん	はちまん
9	きゅう/く	きゅうじゅう	きゅうひゃく	きゅうせん	きゅうまん

연습 4 금액을 일본어로 읽어보시오.

(1) 670円 ➡ _____

(2) 3,895円 ➡ _____

(3) 16,980円 ➡ _____

(4) 78,694円 ➡ _____

연습 5   다음과 같이 쓰고 말해보시오.

> **보기**
>
> さいふ / 2万円
>
> A : すみません。この さいふは いくらですか。
>
> B : にまんえんです。

(1) かばん / 5,900円

    A : _____

    B : _____

(2) かさ / 1,200円

    A : _____

    B : _____

(3) くつ / 16,700円

    A : _____

    B : _____

(4) ほん / 2,780円

    A : _____

    B : _____

그림을 보고 보기와 같이 말해보시오.

보기

とんカツ / 800円

A : とんカツ(を) ください。いくらですか。

B : はっぴゃくえんです。

---

(1) おにぎり / 130円

A : _____

B : _____

(2) すし / 3,000円

A : _____

B : _____

(3) ハンバーガー / 290円

A : _____

B : _____

(4) たこやき / 550円

A : _____

B : _____

작문

(1) A : 일본어는 어렵습니까?

_____

B : 아니오, 어렵지 않습니다.

_____

(2) A : 날씨는 좋습니까?

_____

B : 아니오, 좋지 않습니다.

_____

(3) A : 이 구두는 얼마입니까?

_____

B : 14,500엔입니다.

_____

B : 조금 비싸네요.

_____

(4) A : 이 책은 얼마입니까?

_____

B : 2,300엔입니다.

_____

B : 비싸지 않습니다.

_____

安	편안한 안 あん やす(らか)	安	安	安	安	安
飲	마실 음 いん の(む)	飲	飲	飲	飲	飲
物	만물 물 もつ もの	物	物	物	物	物
全	온전할 전 ぜん まったく	全	全	全	全	全
部	떼 부 ぶ わける	部	部	部	部	部
山	메 산 さん やま	山	山	山	山	山
背	등 배 はい せ	背	背	背	背	背
花	꽃 화 か はな	花	花	花	花	花
頭	머리 두 とう あたま	頭	頭	頭	頭	頭
鉛	납 연 えん なまり	鉛	鉛	鉛	鉛	鉛

筆	붓 필 ひつ ふで	筆	筆	筆	筆	筆
好	좋을 호 こう よ(い)	好	好	好	好	好
焼	불사를 소 しょう や(く)	焼	焼	焼	焼	焼
百	일백 백 ひゃく もも	百	百	百	百	百
千	일천 천 せん ち	千	千	千	千	千
万	일만 만 ばん/まん よろず	万	万	万	万	万
円	둥글 원 えん まる	円	円	円	円	円
財	재물 재 ざい たから	財	財	財	財	財
布	베 포 ふ ぬの	布	布	布	布	布
傘	우산 산 さん かさ	傘	傘	傘	傘	傘
靴	신 화 か くつ	靴	靴	靴	靴	靴

握	잡을 악 あく にぎ(る)	握	握	握	握	握
寿	목숨 수 じゅ ことぶき	寿	寿	寿	寿	寿
司	맡을 사 し つかさど(る)	司	司	司	司	司

보충학습 4 한자단어 쓰기

단어	읽기	연습		
高い	たかい			
安い	やすい			
飲み物	のみもの			
全部	ぜんぶ			
山	やま			
背	せ			
花	はな			
頭	あたま			
鉛筆	えんぴつ			
お好み焼き	おこのみやき			
百	ひゃく			
千	せん			
万	まん			
円	えん			
財布	さいふ			
傘	かさ			
靴	くつ			
お握り	おにぎり			
寿司	すし			

Lesson 09

赤くて 美しいです。
あか　　うつく

Lesson 09　赤くて 美しいです。

 회화

李　：山田さんの 家の 庭は 広いですね。

山田：そんなに 広く ありませんよ。

李　：でも、 美しい 花が 多いですね。

山田：ええ、赤い 花や 白い 花が 多いです。

李　：青い 花も 多いでしょうか。

山田：青い 花は 少ないですね。

李　：あの 赤い 花は 何でしょうか。

山田：あれは ばらの 花です。

李　：あそこの 大きくて 白い 花は 何ですか。

山田：あれは もくれんです。

李　：たんぽぽは 赤いですか、 青いですか。

山田：たんぽぽは 赤くも 青くもありません。
　　　黄色いですよ。

家 (いえ) 집		庭 (にわ) 정원	
広い (ひろ) 넓다		そんなに 그렇게	
でも 하지만		美しい (うつく) 아름답다	
花 (はな) 꽃		多い (おお) 많다	
ええ 그래, 부정은 '아니'로 「いや」		赤い (あか) 빨갛다	
青い (あお) 파랗다		白い (しろ) 하얗다	
少ない (すく) 적다		ばら 장미	
大きい (おお) 크다		もくれん 목련	
たんぽぽ 민들레		黄色い (きいろ) 노랗다	

 어구

1. ~くて ~いです。

い형용사의 연용형이다. '~고, ~습니다.'

もくれんは 白くて 大きいです。 목련은 희고 큽니다.

れんぎょうは 黄色くて かわいいです。 개나리는 노랗고 귀엽습니다.

2. ~でしょう

「~でしょう」는 정중한 단정인 「~です」의 추측의 표현이다. 의문문인 「~でしょうか」는 확인을 나타내는 경우가 많다.

本<ruby>ほん</ruby>です。→ 本<ruby>ほん</ruby>でしょう。 책입니다. → 책이겠지요.

いいです。→ いいでしょう。 좋습니다. → 좋겠지요.

黄色いです。→ 黄色いでしょうか。 노랗습니다. → 노랗지요?

3. ~くも ~くも ありません。

い형용사의 이중 부정법이다. '~하지도 ~하지도 않습니다.'

日本語<ruby>にほんご</ruby>は 難<ruby>むずか</ruby>しくも 易<ruby>やさ</ruby>しくも ありません。 일본어는 어렵지도 쉽지도 않습니다.

はすは 青<ruby>あお</ruby>くも 黄色<ruby>きいろ</ruby>くも ありません。 연꽃은 파랗지도 노랗지도 않습니다.

 문법

い형용사의 활용형

기본형	あか	い	빨갛다
정중형	あか	いです	빨갛습니다.
수식형	あか	い花	빨간 꽃
부정형	あか	く(は) ないです く(は) ありません	빨갛지 않습니다.
연결형	あか	くて	빨갛고 / 빨개서

다음 빈 칸에 형용사를 알맞게 바꾸어 넣으시오.

기본형	しろ	い	희다
정중형			
수식형		花	
부정형			
연결형			

기본형	うつくし	い	아름답다
정중형			
수식형		人	
부정형			
연결형			

기본형	い よ	い	좋다
정중형	い よ	いです	좋습니다
수식형	い よ	い 人	좋은 사람
부정형	い	く(は) ないです(×) く(は) ありません(×)	
	よ	く(は) ないです く(は) ありません	좋지 않습니다
연결형	い	くて(×)	
	よ	くて	좋고/좋아서

 문형 1

ばら もくれん れんぎょう にわ	は	あか おおき きいろ ひろ	くて	ちいさ しろ かわい うつくし	いです。 いです。 いです。 いです。

연습 2　보기와 같이 문장을 만드시오.

> 보기
>
> 日本語（にほんご） / おもしろい / やさしい
>
> A : 日本語（にほんご）は おもしろいですか。
>
> B : はい、おもしろくて やさしいです。

(1) 彼女（かのじょ） / かわいい / やさしい

　A : _____

　B : _____

(2) ばらの花（はな） / あかい / うつくしい

　A : _____

　B : _____

(3) 金先生（キムせんせい） / こわい / おもしろい

　A : _____

　B : _____

문형 2

日本語 背 れんぎょう にわ	は	むずかし たか あか ひろ	くも	やさし ひく あお せま	くも	ありません。 ありません。 ありません。 ありません。

연습 3　　보기와 같이 문장을 만드시오.

> **보기**
>
> 日本語^{にほんご} / おもしろい / やさしい
>
> A：日本語^{にほんご}は おもしろいですか。
>
> B：おもしろくも やさしくも ありません。

(1) もくれん / あかい / あおい

A : _____

B : _____

(2) にわ / ひろい / せまい

A : _____

B : _____

(3) あのやま / たかい / ひくい

A : _____

B : _____

 문형 3

ばらの はな れんぎょう にわ あの ひと	は	あかい きいろい ひろい うつくしい	でしょうか。

연습 4 보기와 같이 문장을 만드시오.

> **보기**
>
> にわ / ひろい
> ◐ にわは ひろいでしょうか。

(1) もくれん / うつくしい

◐ _____

(2) れんぎょう / きいろい

◐ _____

(3) ばらのはな / あかい

◐ _____

(4) アイスクリーム / おいしい

◐ _____

보충학습 1 시간

1時	いちじ	7時	しちじ
2時	にじ	8時	はちじ
3時	さんじ	9時	くじ
4時	よじ	10時	じゅうじ
5時	ごじ	11時	じゅういちじ
6時	ろくじ	12時	じゅうにじ

보충학습 2 분

分(분)	ふん	ぷん
1		いっぷん
2	にふん	
3		さんぷん
4		よんぷん
5	ごふん	
6		ろっぷん
7	ななふん	
8		はっぷん
9	きゅうふん	
10		じゅっぷん
20		にじゅっぷん
30		さんじゅっぷん
40		よんじゅっぷん
50		ごじゅっぷん
60		ろくじゅっぷん

연습 5 　그림을 보고 시간 / 분을 쓰시오.

> **보기**
>
> A : いま、何時〔なんじ〕 何分〔なんぷん〕ですか。
>
> B : よじ じゅっぷんです。

(1) いま、何時〔なんじ〕 何分〔なんぷん〕ですか。

_____

(2) いま、何時〔なんじ〕 何分〔なんぷん〕ですか。

_____

(3) いま、何時〔なんじ〕 何分〔なんぷん〕ですか。

_____

(4) いま、何時〔なんじ〕 何分〔なんぷん〕ですか。 (자기 시계를 보고)

_____

(1) 다나카씨 집 정원은 넓습니까?

_____

(2) 그다지 넓지 않습니다.

_____

(3) 저 빨간 꽃은 무엇입니까?

_____

(4) 저것은 장미꽃입니다.

_____

(5) 저 꽃은 노랗고 귀엽습니다.

_____

(6) 하지만 아름다운 꽃은 많지요?

_____

(7) 개나리는 빨갛습니까, 하얗습니까?

_____

(8) 개나리는 빨갛지도 하얗지도 않습니다.

_____

 보충학습 3 한자 쓰기

李	오얏 리 り すもも	李	李	李	李	李
赤	붉을 적 せき あか(い)	赤	赤	赤	赤	赤
美	아름다울 미 び うつく(しい)	美	美	美	美	美
庭	뜰 정 てい にわ	庭	庭	庭	庭	庭
広	넓을 광 こう ひろ(い)	広	広	広	広	広
多	많을 다 た おお(い)	多	多	多	多	多
青	푸를 청 せい あお(い)	青	青	青	青	青
白	흰 백 はく しろ(い)	白	白	白	白	白
少	적을 소 しょう すく(ない)	少	少	少	少	少
黄	누를 황 こう き	黄	黄	黄	黄	黄

色	빛 색 しょく いろ	色	色	色	色	色
難	어려울 난 なん むずか(しい)	難	難	難	難	難
易	바꿀 역/쉬울 이 えき/い やさ(しい)	易	易	易	易	易
低	낮을 저 てい ひく(い)	低	低	低	低	低
狭	좁을 협 きょう せま(い)	狭	狭	狭	狭	狭
時	때 시 し とき	時	時	時	時	時
分	나눌 분/분수 분 ぶん わか(る)	分	分	分	分	分

보충학습 4 한자단어 쓰기

단어	읽기	연습			
赤い	あかい				
美しい	うつくしい				
李	イ				
山田	やまだ				
家	いえ				
庭	にわ				
広い	ひろい				
多い	おおい				
青い	あおい				
白い	しろい				
少ない	すくない				
大きい	おおきい				
黄色い	きいろい				
難しい	むずかしい				
易しい	やさしい				
低い	ひくい				
狭い	せまい				
時	じ				
分	ふん/ぷん				

Lesson 10

学校_{（がっこう）}は きれいです。

学校は きれいです。

학습내용

1. な형용사
2. な형용사의 활용형
3. 월·요일·일
4. 〜から〜まで

학습목표

1. な형용사를 이해할 수 있다.
2. な형용사를 활용할 수 있다.
3. 월·요일· 날을 셀 수 있다.
4. 「〜から〜まで」를 사용할 수 있다.

Lesson 10　学校<ruby>学校<rt>がっこう</rt></ruby>は きれいです。

 회화

田中： 李<ruby><rt>イ</rt></ruby>さんの 学校<ruby><rt>がっこう</rt></ruby>は きれいですか。

李 ： はい、とても きれいです。

田中： 学校<ruby><rt>がっこう</rt></ruby>は 広<ruby><rt>ひろ</rt></ruby>いですか。

李 ： あまり 広<ruby><rt>ひろ</rt></ruby>くは ありません。

　　　 しかし、木<ruby><rt>き</rt></ruby>や 花<ruby><rt>はな</rt></ruby>は 多<ruby><rt>おお</rt></ruby>いです。

田中： では、学校<ruby><rt>がっこう</rt></ruby>は 静<ruby><rt>しず</rt></ruby>かですか。

李 ： いいえ、月曜日<ruby><rt>げつようび</rt></ruby>から 金曜日<ruby><rt>きんようび</rt></ruby>までは あまり 静<ruby><rt>しず</rt></ruby>かでは あ

　　　 りません。

　　　 でも、土曜日<ruby><rt>どようび</rt></ruby>と 日曜日<ruby><rt>にちようび</rt></ruby>は 静<ruby><rt>しず</rt></ruby>かです。

田中： 学校<ruby><rt>がっこう</rt></ruby>までの 交通<ruby><rt>こうつう</rt></ruby>は 便利<ruby><rt>べんり</rt></ruby>ですか。

李 ： はい、地下鉄<ruby><rt>ちかてつ</rt></ruby>も バスも とても 便利<ruby><rt>べんり</rt></ruby>です。

 **단어**

学校^{がっこう} 학교	きれいだ 예쁘다, 깨끗하다
とても 매우	あまり 꽤, 상당히, 그다지
しかし 그러나	木^き 나무
静^{しず}かだ 조용하다	から 부터
まで 까지	交通^{こうつう} 교통
便利^{べんり}だ 편리하다	地下鉄^{ちかてつ} 지하철
バス 버스	

 **어구**

1. あまり

「あまり」는 다음에 오는 문구에 따라서 그 의미가 변화한다. 즉 긍정이 오면 '너무', '상당히'의 뜻이 되지만, 부정이 오면 '그다지'의 뜻이 된다. 그러나 주로 「あまり」 다음에 부정이 오는 경우가 많다. 강조하여 「あんまり」라고 표현하기도 한다.

あんまり おいしかったので、食^たべ過^すぎました。 너무 맛있어서 과식했습니다.

あまり 静^{しず}かでは ありません。 그다지 조용하지 않습니다.

2. ~から ~まで

「~から ~まで」는 '~에서 ~까지'로 두 개의 조사가 쌍을 이루어서 쓰일 경우가 많다. 그러나 반드시 두 단어가 쌍으로 쓰일 필요는 없고 한 단어씩 떼어 사용할 경우도 많다.

ソウルから デグまで 서울에서 대구까지

家^{いえ}から 学校^{がっこう}まで 집에서 학교까지

문법

な형용사

な형용사는 네 가지 특징을 가지고 있다. ① 사물의 성질이나 형태를 나타낸다. ② 기본형의 어미가 「~だ」로 끝난다. ③ 활용을 한다. 다시 말하면 어미 「~だ」가 다음에 오는 단어에 따라 어미변화를 한다. ④ い형용사에서는 수식형의 어미는 기본형과 마찬가지로 「い」였으나 な형용사에서는 수식형이 기본형과 같지 않고 「だ」가 「な」로 바뀐다. 그래서 형용동사를 な형용사라고 한다.

기본형	きれい	だ	예쁘다
정중형	きれい	です	예쁩니다
수식형	きれい	な学校	예쁜 학교
부정형	きれい	で(は) ないです で(は) ありません	예쁘지 않습니다.
연결형	きれい	で	예쁘고/예뻐서

연습 1 な형용사의 활용형을 만들어 보시오.

기본형	静か	だ	조용하다
정중형			
수식형		学校	
부정형			
연결형			

기본형	便利	だ	편리하다
정중형			
수식형		学校	
부정형			
연결형			

기본형	ハンサム	だ	핸섬하다
정중형			
수식형		彼	
부정형			
연결형			

기본형	同じ	だ	같다
정중형			
수식형		×もの	
부정형			
연결형			

「同じだ」(같다)는 な형용사의 유일한 불규칙으로, 수식형에서 「だ」가 「な」로 바뀌기는 하지만 이 「な」가 다음 명사에 연결되면 없어진다.

 문형 1

学校 がっこう 公園 こうえん 地下鉄 ちかてつ 彼 かれ	は	きれい 静か しず 便利 べんり ハンサム	です。

学校 がっこう 公園 こうえん 地下鉄 ちかてつ 彼 かれ	は	きれい 静か しず 便利 べんり ハンサム	で(は) ありません。

> 보기
>
> 学校 / きれいだ
>
> A：学校は きれいですか。
>
> B：はい、とても きれいです。
>
> C：いいえ、あまり きれいで(は) ありません。

(1) 公園 / 静かだ

　　A：_____

　　B：_____

　　C：_____

(2) 地下鉄 / 便利だ

　　A：_____

　　B：_____

　　C：_____

(3) 彼 / ハンサムだ

　　A：_____

　　B：_____

　　C：_____

 보충학습 1

월

1月	2月	3月	4月	5月	6月
いちがつ	にがつ	さんがつ	しがつ	ごがつ	ろくがつ
7月	8月	9月	10月	11月	12月
しちがつ	はちがつ	くがつ	じゅうがつ	じゅういちがつ	じゅうにがつ

요일 / 일

日曜日 にちようび	月曜日 げつようび	火曜日 かようび	水曜日 すいようび	木曜日 もくようび	金曜日 きんようび	土曜日 どようび
1 ついたち	2 ふつか	3 みっか	4 よっか	5 いつか	6 むいか	7 なのか
8 ようか	9 ここのか	10 とおか	11 じゅういちにち	12 じゅうににち	13 じゅうさんにち	14 じゅうよっか
15 じゅうごにち	16 じゅうろくにち	17 じゅうしちにち	18 じゅうはちにち	19 じゅうくにち	20 はつか	21 にじゅういちにち
22 にじゅうににち	23 にじゅうさんにち	24 にじゅうよっか	25 にじゅうごにち	26 にじゅうろくにち	27 にじゅうしちにち	28 にじゅうはちにち
29 にじゅうくにち	30 さんじゅうにち	31 さんじゅういちにち				

몇 년	몇 월	며칠	무슨 요일
何年(なんねん)	何月(なんがつ)	何日(なんにち)	何曜日(なんようび)

보기와 같이 문장을 만드시오.

보기

4월 15일 월요일

A : 何月 何日 何曜日ですか。

B : 4月 15日 月曜日です。

1월 9일 목요일

(1) A : _____

　　B : _____

5월 5일 금요일

(2) A : _____

　　B : _____

7월 20일 토요일

(3) A : _____

　　B : _____

12월 24일 수요일

(4) A : _____

　　B : _____

연습 4   보기와 같이 문장을 만드시오.

보기

鈴木さん・誕生日・6月 30日

A : 鈴木さんの お誕生日は 何月 何日ですか。

B : ろくがつ さんじゅうにちです。

佐藤さん・誕生日・7月 4日

(1) A : _____

　　B : _____

中村さん・誕生日・9月 10日

(2) A : _____

　　B : _____

パク先生・誕生日・4月 24日

(3) A : _____

　　B : _____

李さん・誕生日・10月 6日

(4) A : _____

　　B : _____

ソウル 韓国（かんこく） 東京（とうきょう） 9時（くじ）	から	デグ 日本（にほん） 大阪（おおさか） 5時（ごじ）	まで	です。

연습 5　보기와 같이 문장을 만드시오.

> **보기**
>
> 授業（じゅぎょう）・9時（くじ）・3時（さんじ）
>
> A：授業（じゅぎょう）は 何時（なんじ）から 何時（なんじ）までですか。
>
> B：授業（じゅぎょう）は 9時（くじ）から 3時（さんじ）までです。

デパート・10時（じ）・7時（じ）

(1) A : デハートは 何時（なんじ）から 何時（なんじ）までですか。

　　B : _____

スクールバス・家（いえ）・学校（がっこう）

(2) A : スクールバスは どこから どこまでですか。

　　B : _____

列車（れっしゃ）・東京（とうきょう）・福岡（ふくおか）

(3) A : この列車（れっしゃ）は どこから どこまでですか。

　　B : _____

⑴ A : 당신 학교는 조용합니까?

_____

　　B : 네, 조용합니다. _____

　　C : 아니오, 그다지 조용하지 않습니다.

_____

⑵ A : 학교 교실은 깨끗합니까? _____

　　B : 네, 매우 깨끗합니다. _____

　　C : 하지만 금요일은 그다지 깨끗하지 않습니다.

_____

⑶ A : 스쿨버스는 어디에서 어디까지 입니까?

_____

　　B : 집에서 학교까지입니다.

_____

　　B : 스쿨버스는 매우 편리합니다.

_____

⑷ A : 그이는 핸섬합니까?

_____

　　B : 네, 그는 언제나 핸섬합니다.

_____

　　B : 하지만 일요일은 핸섬하지 않습니다.

_____

静	고요할 정 せい しず(か)	静	静	静	静	静
月	달 월 げつ/がつ つき	月	月	月	月	月
火	불 화 か ひ	火	火	火	火	火
水	물 수 すい みず	水	水	水	水	水
木	나무 목 ぼく き	木	木	木	木	木
金	쇠 금 きん/こん かね	金	金	金	金	金
土	흙 토 ど つち	土	土	土	土	土
日	날 일 にち/じつ ひ/か	日	日	日	日	日
曜	비칠 요 よう かがやく	曜	曜	曜	曜	曜
交	사귈 교 こう まじわ(る)	交	交	交	交	交

通	통할 통 つう とお(る)	通	通	通	通	通
便	편할 편 べん/びん たより	便	便	便	便	便
利	이로울 리 り き(く)	利	利	利	利	利
地	땅 지 ち/じ つち	地	地	地	地	地
下	아래 하 か/げ した	下	下	下	下	下
鉄	쇠 철 てつ くろがね	鉄	鉄	鉄	鉄	鉄
食	밥 식 しょく く(う)	食	食	食	食	食
過	지날 과 か す(ぎる)	過	過	過	過	過
同	한가지 동 どう おな(じだ)	同	同	同	同	同
園	동산 원 えん その	園	園	園	園	園
誕	태어날 탄 たん	誕	誕	誕	誕	誕

佐	도울 좌 さ たす(ける)	佐	佐	佐	佐	佐
藤	등나무 등 とう ふじ	藤	藤	藤	藤	藤
村	마을 촌 そん むら	村	村	村	村	村
授	줄 수 じゅ さず(ける)	授	授	授	授	授
業	업 업 ぎょう わざ	業	業	業	業	業
列	벌일 렬 れつ なら(べる)	列	列	列	列	列
東	동녘 동 とう ひがし	東	東	東	東	東
京	서울 경 けい/きょう みやこ	京	京	京	京	京
福	복 복 ふく さいわい	福	福	福	福	福
岡	언덕 강 こう おか	岡	岡	岡	岡	岡
阪	산비탈 판 はん さか	阪	阪	阪	阪	阪

보충학습 3 한자단어 쓰기

단어	읽기	연습		
学校	がっこう			
静かだ	しずかだ			
曜日	ようび			
交通	こうつう			
便利だ	べんりだ			
地下鉄	ちかてつ			
食べ過ぎ	たべすぎ			
同じだ	おなじだ			
公園	こうえん			
誕生日	たんじょうび			
佐藤	さとう			
中村	なかむら			
授業	じゅぎょう			
列車	れっしゃ			
東京	とうきょう			
福岡	ふくおか			
大阪	おおさか			

Lesson 11

どんな 人が 好きですか。

Lesson 11　どんな 人が 好きですか。

 회화

田中： 李さんは どんな 人が 好きですか。

李　： そうですね。私は ハンサムな 人が 好きです。

　　　 田中さんは。

田中： 私は 親切で きれいな 人が 好きです。

李　： 田中さんは どんな 食べ物が 好きですか。

田中： キムチが 好きです。

李　： えっ、辛く ないですか。

田中： ちょっと 辛いですが、おいしいです。

　　　 李さんの 好きな 食べ物は 何ですか。

李　： 私は すしが とても 好きです。

田中： なっとうは どうですか。

李　： なっとうは 好きでは ありません。

田中： では、とうふは どうですか。

李　： とうふは 好きでも 嫌いでも ありません。

 **단어**

どんな 어떠한

親切だ 친절하다

食べ物 음식물

えっ 엣

ちょっと 조금

～が ～만

なっとう 낫토

とうふ 두부

好きだ 좋아하다

きれいだ 예쁘다

キムチ 김치

辛い 맵다

おいしい 맛있다

すし 초밥

どうですか 어떻습니까

嫌いだ 싫다

1. どんな

「どんな」는 10품사 중의 하나로 연체사이다. 연체사란 다음에 반드시 체언, 즉 명사에 연결되는 단어를 가리킨다.

こんな	そんな	あんな	どんな
이런	그런	저런	어떤

私は こんな 本が 好きです。저는 이런 책을 좋아합니다.

私は そんな シャツが 好きです。저는 그런 셔츠를 좋아합니다.

私は あんな 食べ物が 好きです。저는 저런 음식을 좋아합니다.

あなたは どんな 人が 好きですか。당신은 어떤 사람을 좋아합니까?

2. ~でも~でも ありません

な형용사의 이중 부정법이다. '~하지도 ~하지도 않습니다.'

彼は ハンサムでも 親切でも ありません。

그는 핸섬하지도 친절하지도 않습니다.

すしは 好きでも 嫌いでも ありません。

초밥은 좋아하지도 싫어하지도 않습니다.

문법 1

な형용사의 활용형

기본형	好^すき	だ	좋아하다.
정중형	好^すき	です	좋아합니다.
수식형	好^すき	な花^{はな}	좋아하는 꽃
부정형	好^すき	で(は) ないです で(は) ありません	좋아하지 않습니다.
연결형	好^すき	で	좋아하고 / 좋아해서

연습 1

기본형	嫌い	だ	싫어하다.
정중형			
수식형		人	
부정형			
연결형			

기본형	元気	だ	건강하다.
정중형			
수식형		母	
부정형			
연결형			

기본형	同じ	だ	같다.
정중형			
수식형		×本	
부정형			
연결형			

문형 1

田中さん 李さん 鈴木先生 母	は	ハンサム まじめ 親切 元気	な	人です。

연습 2　보기와 같이 문장을 만드시오.

> **보기**
>
> A : 田中さんは どんな 人ですか。
>
> B : ハンサムだ　◐　田中さんは ハンサムな 人です。

(1) A : 鈴木さんは どんな 人ですか。

B : 元気だ ◐ _____

(2) A : 佐藤さんは どんな 人ですか。

B : まじめだ ◐ _____

(3) A : 金先生は どんな 人ですか。

B : 親切だ ◐ _____

(4) A : 朴さんは どんな 人ですか。

B : きれいだ ◐ _____

문형 2

田中さん 李さん 鈴木先生	は	ハンサム まじめ きれい	で	親切 静か 元気	です。

연습 3   보기와 같이 문장을 만드시오.

> **보기**
>
> 田中さん・まじめだ・親切だ
> ➡ 田中さんは まじめで 親切です。

(1) 学校・きれいだ・静かだ

➡ _____

(2) 朴さん・きれいだ・親切だ

➡ _____

(3) 彼・ハンサムだ・元気だ

➡ _____

(4) この 車は・同じだ・丈夫だ

➡ _____

문형 3

田中さん 李さん 鈴木先生	は	ハンサム まじめ きれい	でも	親切 静か 元気	でも ありません。

연습 4　보기와 같이 문장을 만드시오.

> **보기**
>
> 田中さん・まじめだ・親切だ
> ● 田中さんは まじめで 親切でも ありません。

(1) 学校・きれいだ・静かだ

　● _____

(2) 朴さん・きれいだ・親切だ

　● _____

(3) 彼・ハンサムだ・元気だ

　● _____

(4) この 車は・同じだ・丈夫だ

　● _____

 **문법 2**

~が 好^すきです / 嫌^{きら}いです

우리나라 말의 '~을/를'에 해당되는 일본어 조사는 「を」이다. 그러나 일본어에서 희망(~을 하고 싶다), 가능(~을 할 수 있다), 기호(~을 좋아한다)를 나타낼 경우에는 「を」가 반드시 「が」로 바뀐다. 또 이를 번역할 경우에는 「が」를 '~을/를'로 바꾸어야 한다.

(일본어) 日本語^{にほんご}の 勉強^{べんきょう}が 好^すきです。

(한국어) 일본어 공부를 좋아합니다.

(일본어) てんぷらが 嫌^{きら}いです。

(한국어) 튀김을 싫어합니다.

(일본어) わたしは 日本語^{にほんご}が できます。

(한국어) 저는 일본어를 할 수 있습니다.

(일본어) わたしは 映画^{えいが}が 見^みたいです。

(한국어) 저는 영화를 보고 싶습니다.

보기

A : 田中さんは 音楽が 好きですか。

B : はい、私は 音楽が 大好きです。

(1) A : 李さんは すしが 好きですか。

    B : _____

(2) A : 鈴木さんは 韓国料理が 好きですか。

    B : _____

(3) A : 朴さんは なっとうが 嫌いですか。

    B : _____

(4) A : 中村さんは Kポップが 嫌いですか。

    B : _____

연습 6 　그림을 보고 보기와 같이 말해보시오.

보기

好^すきだ・うどん

A：好^すきな 食^たべ物^{もの}は 何^{なん}ですか。

B：うどんが 好^すきですか。

好^すきだ・さしみ

(1) A : _____

　 B : _____

好^すきだ・キムチ

(2) A : _____

　 B : _____

嫌^{きら}いだ・てんぷら

(3) A : _____

　 B : _____

嫌^{きら}いだ・なっとう

(4) A : _____

　 B : _____

(1) 이것과 저것은 같은 책입니다.

_____

(2) 저는 건강한 사람입니다.

_____

(3) 제 학교는 조용한 학교입니다.

_____

(4) 그녀는 예쁘고 친절합니다.

_____

(5) 그는 건강하고 핸섬합니다.

_____

(6) 다나카씨는 성실하지도 조용하지도 않습니다.

_____

(7) 저는 튀김을 매우 좋아합니다.

_____

(8) 당신은 회를 좋아합니까?

_____

(9) 당신은 낫토를 좋아하지 않습니까?

_____

(10) 아니오, 저는 낫토를 좋아하지도 싫어하지도 않습니다.

_____

 보충학습 1 한자 쓰기

親	친할 친 しん した(しい)	親	親	親	親	親
切	끊을 절 せつ/さい き(る)	切	切	切	切	切
辛	매울 신 しん から(い)	辛	辛	辛	辛	辛
嫌	싫어할 혐 けん きら(う)	嫌	嫌	嫌	嫌	嫌
元	으뜸 원 げん もと	元	元	元	元	元
気	기운 기 き	気	気	気	気	気
丈	어른 장 じょう たけ	丈	丈	丈	丈	丈
夫	사내 부 ふ おっと	夫	夫	夫	夫	夫
勉	힘쓸 면 ベン つと(める)	勉	勉	勉	勉	勉
強	굳셀 강 きょう つよ(い)	強	強	強	強	強

音	소리 음 おん おと	音	音	音	音	音
楽	풍류 악 がく/らく たの(しい)	楽	楽	楽	楽	楽
料	헤아릴 료 りょう	料	料	料	料	料
理	다스릴 리 り おさめる	理	理	理	理	理

 보충학습 2 한자단어 쓰기

단어	읽기	연습			
好きだ	すきだ				
親切だ	しんせつだ				
食べ物	たべもの				
辛い	からい				
嫌いだ	きらいだ				
元気だ	げんきだ				
丈夫だ	じょうぶだ				
勉強	べんきょう				
音楽	おんがく				
大好きだ	だいすきだ				
料理	りょうり				

<ruby>私<rt>わたし</rt></ruby>は <ruby>学校<rt>がっこう</rt></ruby>へ <ruby>行<rt>い</rt></ruby>きます。

학습내용

1. 일본어 동사의 종류
2. 「ます」형 동사 만들기
3. 조사 「へ」와 「に」의 구별

학습목표

1. 일본어 동사의 종류를 알 수 있다.
2. 「ます」형 동사를 만들 수 있다.
3. 조사 「へ」와 「に」를 구별할 수 있다.

Lesson 12　私は 学校へ 行きます。

 회화

田中： 李さん、 どこへ 行きますか。

李 ： 私は 学校へ 行きます。

田中： 学校で 何の 勉強を しますか。

李 ： 日本語の 勉強を します。

田中： どんな 内容ですか。

　　　 まず、 教科書を 読みます。

　　　 そして、 先生と 話します。

田中： それで 授業は 終わりですか。

李 ： いいえ、 話の 内容を 文章で 書きます。

田中： そうですか。 大変ですね。

 **단어**

どこ 어디	へ ~로/~으로, ~게/~에게
行く 가다	で ~에서(장소), ~로(수단)
勉強 공부	する 하다
どんな 어떠한	内容 내용
まず 우선	教科書 교과서
読む 읽다	そして 그리고
話す 이야기하다	それで 그래서
授業 수업	終り 끝
話 이야기	文章 문장
書く 쓰다	大変だ 큰일이다

어구

1. へ

「へ」가 조사로 쓰일 때는 [he]가 [e]로 발음 된다. 「へ」(~로/~으로)와 비슷한 조사에 「に」(~에)가 있다. 「へ」가 동작의 방향을 나타낸다면, 「に」는 동작의 공간적인 장소를 나타내는 경우가 많다.

私は ソウル<u>へ</u> 行きます。 저는 서울로 갑니다.

私は ソウル<u>に</u> 住みます。 저는 서울에 삽니다.

2. で

조사 「で」는 쓰임이 다양하지만 여기에서는 장소를 나타내는 '~에서'라는 의미와 수단을 나타내는 '~로/~으로' 두 경우를 알아본다.

学校<u>で</u> 勉強を します。 학교에서 공부합니다. (장소)

公園<u>で</u> 遊びます。 공원에서 놉니다. (장소)

ペン<u>で</u> 書きます。 펜으로 씁니다. (수단)

火は 水<u>で</u> 消します。 불은 물로 끕니다. (수단)

3. それで

「それで」는 접속사로서 ① 그래서, ② 그런 까닭에, ③ 그로 인해서의 뜻으로 다음 이야기를 재촉하는 말 등에 쓰인다.

それで、 勉強は 終わりましたか。 그래서 공부는 끝났습니까?

それで、 けんかに なりました。 그로 인해서 싸움이 되었습니까?

それで、 それで、 次は…。 그래서, 그래서, 다음은….

4. 大変ですね。

「大変」이라는 말은 명사로 사용되면 '중대한 사건', '이변'이라는 뜻을 갖는다. 부사로 사용되는 경우에도 정도가 상당한 모양으로 '대단히', '몹시'와 같은 뜻으로 사용된다. 그러나 일본어에서는 타인의 수고에 대해서 동정하거나 위로할 때에 이 표현을 자주 사용한다.

문법

1. 지시대명사(장소)

근칭	중칭	원칭	부정칭
ここ	そこ	あそこ	どこ
여기	거기	저기	어디

2. 형용동사의 수식형

근칭	중칭	원칭	부정칭
こんな	そんな	あんな	どんな
이런	그런	저런	어떤

3. 동사

동사는 세 가지 특징을 가지고 있다. ① 사물의 동작이나 존재를 나타낸다. ② 기본형의 어미가 「う」단으로 끝난다. ③ 활용을 한다. 즉 어미 「う」단 다음에 오는 단어에 따라 어미가 변화를 한다.

학교문법에서 일본어 동사는 ① 5단활용동사, ② 상1단활용동사, ③ 하1단활용동사, ④ カ변격동사 ⑤ サ변격동사로 분류하지만 외국어교육에서는 ① 5단활용동사를 「u동사」로, ② 상1단활용동사, ③ 하1단활용동사를 「ru동사」로, ④ カ변격동사 ⑤ サ변격동사를 「불규칙동사」로 분류한다. 여기에서는 외국어교육의 방식대로 분류한다.

(1) 일본어 동사의 종류

① u동사(5단활용동사)

ru동사와 불규칙동사를 제외한 나머지 모든 동사를 말한다. 동사의 기본형이 「う·く·ぐ·す·つ·ぬ·ぶ·む·る」의 9가지로 끝나는 동사는 u동사이다. 예를 들면 다음과 같다.

　かう(사다)　かく(쓰다)　およぐ(헤엄치다)　はなす(이야기하다)　たつ(서다)

　しぬ(죽다)　とぶ(날다)　よむ(읽다)　のる(타다)

　단 주의해야 할 점은 기본형이 「る」로 끝나더라도 「る」 바로 앞의 글자가 「い」단이거나 「え」단이면 ru동사이므로, 「い」단이거나 「え」단이 아닌 경우에만 u동사이다. 위의 「のる」 동사는 「る」 앞이 「の」가 「い」단이거나 「え」단이 아닌 「お」단이므로 ru동사가 아니라 u동사이다.

② ru동사(상1단활용동사, 하1단활용동사)

　기본형이 ru로 끝나고 그 바로 앞의 글자가 「い」단이거나 「え」단인 동사를 ru동사라고 한다. 다시 말하면 ru 앞의 글자가 「い」단 「い·き·し·ち·に·ひ·み·り·ぎ·じ·び」이거나 え단 「え·け·せ·て·ね·へ·め·れ·げ·ぜ·で·べ」이면 ru 동사이다. 예를 들면 다음과 같다.

　おきる(일어나다)　いる(있다)　のびる(널어나다)

　たてる(세우다)　ねる(자다)　たべる(먹다)

③ 불규칙동사(カ변격동사, サ변격동사)

불규칙동사는 「くる」와 「する」 두 동사뿐이다.

(2) ます형 동사 만들기

「ます」가 붙으면 정중한 표현으로 '~입니다'에 해당된다. 문법적인 용어로 말하면 연용형에 해당된다.

① u동사는 어미 즉 기본형의 끝 글자를 같은 행의 「い」단으로 바꾸고 「ます」를 붙인다.

기본형	연용형	ます를 붙인 문장	뜻
かう	かい	かいます	삽니다
かく	かき	かきます	씁니다
およぐ	およぎ	およぎます	헤엄칩니다
はなす	はなし	はなします	이야기합니다
たつ	たち	たちます	일어섭니다
しぬ	しに	しにます	죽습니다
とぶ	とび	とびます	납니다
よむ	よみ	よみます	읽습니다
のる	のり	のります	탑니다

② ru동사는 기본형의 어미글자인 「る」를 떼고 「ます」를 붙인다.

기본형	연용형	ます를 붙인 문장	뜻
おきる	おき	おきます	일어납니다
いる	い	います	있습니다.
のびる	のび	のびます	늘어납니다
たてる	たて	たてます	세웁니다
ねる	ね	ねます	잡니다
たべる	たべ	たべます	먹습니다

③ 불규칙 동사는 「ます」가 불규칙하게 붙는다.

기본형	연용형	ます를 붙인 문장	뜻
くる	き	きます	옵니다
する	し	します	합니다

다음 빈칸에 동사를 활용하여 쓰시오.

기본형	연용형	ます를 붙인 문장	뜻
いう			
ひく			
ふさぐ			
とおす			
もつ			
いぬ			
よぶ			
のむ			
うる			

기본형	연용형	ます를 붙인 문장	뜻
すぎる			
おちる			
にる			
ながれる			
へる			
かける			

기본형	연용형	ます를 붙인 문장	뜻
くる			
する			

연습 2 다음 빈칸에 알맞게 써넣으시오.

기본형	연용형	ます를 붙인 문장	뜻
にる			
いく			
でる			
だす			
くる			
しぬ			
かんがえる			
かむ			
うる			
おきる			
あう			
のびる			
あそぶ			
たすける			
ゆらぐ			
する			
まつ			

★ 문형 1

私(わたし)	は	学校(がっこう) 勉強(べんきょう) 先生(せんせい) 公園(こうえん)	へ を と で	行(い)きます。 します。 話(はな)します。 遊(あそ)びます。

다음 밑줄 친 부분에 알맞은 동사를 넣으시오.

(1) 日曜日(にちようび)は 家(いえ)で _____

일요일에는 집에서 쉽니다.

(2) 友達(ともだち)に 手紙(てがみ)を _____

친구에서 편지를 씁니다.

(3) 金曜日(きんようび)まで 学校(がっこう)へ _____

금요일까지 학교에 갑니다.

(4) 朝早(あさはや)く _____

아침 일찍 일어납니다.

(5) 私(わたし)は 学校(がっこう)で 勉強(べんきょう)を _____

나는 학교에서 공부를 합니다.

(6) 私(わたし)は 夜早(よるはや)く _____

저는 저녁 일찍 잡니다.

(7) 私(わたし)は 朝早(あさはや)く 学校(がっこう)へ _____

저는 학교에 일찍 옵니다.

(8) コンパでは ビールを よく_____

파티에서는 맥주를 자주 마십니다.

(9) 私(わたし)は 時々(ときどき) アイポッドも _____

저는 가끔 아이팟도 듣습니다.

(10) 私(わたし)は 写真(しゃしん)を よく _____

저는 사진을 잘 찍습니다.

쉬운 기초일본어

문형 2

私 _{わたし}	は	学校 _{がっこう} 図書館 _{としょかん} 病院 _{びょういん} 銀行 _{ぎんこう}	へ	行きます。 _い

私 _{わたし}	は	学校 _{がっこう} 図書館 _{としょかん} 病院 _{びょういん} 銀行 _{ぎんこう}	に	います。

私 _{わたし}	は	手紙 _{てがみ} すし 本 _{ほん} 勉強 _{べんきょう}	を	かきます。 たべます。 みます。 します。

연습 4 다음에 알맞은 조사를 넣으시오.

(1) 私は 食堂(　　　　　) ご飯を 食べます。

(2) 今日、私は ソウル(　　　　　) 行きます。

(3) 私は 今、教室(　　　　) います。

(4) あなたは どこ(　　　　) 行きますか。

(5) あなたは どんな 本(　　　　) 読みますか。

(6) あなたは いま どこ(　　　　) いますか。

연습 5   다음 그림을 보고 질문에 답하시오.

A : 何^{なに}をしますか。

(1) B : 学校^{がっこう}へ _____

(2) B : 勉強^{べんきょう}を _____

(3) B : 教科書^{きょうかしょ}を _____

(4) B : ペンで _____

(5) B : ご飯^{はん}を _____

(6) B : テレビを _____

(7) B : 映画^{えいが}を _____

(8) B : ジュースを _____

(1) 저는 신문을 읽습니다.

_____

(2) 저는 밥을 먹습니다.

_____

(3) 저는 테니스를 합니다.

_____

(4) 저는 학교에 갑니다.

_____

(5) 저는 선생님과 이야기합니다.

_____

(6) 저는 음악을 듣습니다.

_____

(7) 저는 옷을 입습니다.

_____

(8) 다나카씨가 이쪽으로 옵니다.

_____

 보충학습 1 한자 쓰기

容	얼굴 용 よう いれる	容	容	容	容	容
読	읽을 독 どく よ(む)	読	読	読	読	読
話	말 화 わ はな(す)	話	話	話	話	話
終	마칠 종 しゅう おわ(る)	終	終	終	終	終
文	글월 문 ぶん/もん ふみ	文	文	文	文	文
章	글 장 しょう しるし	章	章	章	章	章
変	변할 변 へん かわ(る)	変	変	変	変	変
住	살 주 じゅう す(む)	住	住	住	住	住
遊	놀 유 ゆう あそ(ぶ)	遊	遊	遊	遊	遊
消	끌 소 しょう き(える)	消	消	消	消	消

次	버금 차 し/じ つぎ	次	次	次	次	次
手	손 수 しゅ て	手	手	手	手	手
紙	종이 지 し かみ	紙	紙	紙	紙	紙
朝	아침 조 ちょう あさ	朝	朝	朝	朝	朝
夜	밤 야 や よる	夜	夜	夜	夜	夜
早	일찍 조 そう はや(い)	早	早	早	早	早
図	그림 도 と/ず はかる	図	図	図	図	図
館	집 관 かん やかた	館	館	館	館	館
病	병들 병 びょう やまい	病	病	病	病	病
院	집 원 いん	院	院	院	院	院
銀	은 은 ぎん しろがね	銀	銀	銀	銀	銀

堂	집 당 どう	堂	堂	堂	堂	堂
飯	밥 반 はん めし	飯	飯	飯	飯	飯
室	집 실 しつ むろ	室	室	室	室	室
映	비칠 영 えい うつ(る)	映	映	映	映	映
画	그림 화/그을 획 が/かく	画	画	画	画	画

보충학습 2 한자단어 쓰기

단어	읽기	연습			
行く	いく				
内容	ないよう				
読む	よむ				
話す	はなす				
終わる	おわる				
文章	ぶんしょう				
書く	かく				
大変だ	たいへんだ				
住む	すむ				
遊ぶ	あそぶ				
火	ひ				
水	みず				
消す	けす				
次	つぎ				
手紙	てがみ				
朝	あさ				
夜	よる				
早い	はやい				
時々	ときどき				

図書館	としょかん				
病院	びょういん				
銀行	ぎんこう				
食堂	しょくどう				
ご飯	ごはん				
今日	きょう				
教室	きょうしつ				
映画	えいが				

Lesson 13

<ruby>遊<rt>あそ</rt></ruby>びに <ruby>行<rt>い</rt></ruby>きます。

Lesson 13 　遊びに　行きます。

 회화

田中： 李さん、あした　家に　いますか。

李　： はい、　いますよ。

田中： じゃ、　遊びに　行きませんか。

李　： いいですね。

田中： 李さんの　家は　どこですか。

李　： 月城洞に　警察署が　ありますが、

　　　その　すぐ　後が　私の　家です。

田中： じゃ、　私が　李さんの　家に　行きます。

　　　その　あと　何を　しましょうか。

李　： ご飯を　いっしょに　食べましょう。

　　　それから　映画を　見に　行きましょう。

田中： いいですね。　そう　しましょう。

단어

あした 내일

いる 있다

行く 가다

警察署 경찰서

すぐ 금방, 바로

後 후

ご飯 밥

食べる 먹다

映画 영화

そう 그렇게

家 집

遊ぶ 놀다

月城洞 월성동(지명)

ある 있다

後 뒤

する 하다

いっしょに 함께

それから 그리고서

見る 보다

어구

1. ~ましょう

「~ましょう」는 「ます」의 추측, 의지, 권유를 나타내는 형태이다. 그런데 동사에 붙는 「~ましょう」는 '추측'과 '의지'의 뜻은 거의 없고 주로 '권유'를 타나낸다.

あした、学校へ 行きましょう。 내일 학교에 갑시다.
いっしょに 映画を 見ましょう。 함께 영화를 봅시다.

또 의문의 조사 「か」를 붙여서 「~ましょうか」가 되면 의문문이라기보다는 상대방의 의사를 완곡하게 권유하는 의미가 강하다.

本を 読みましょうか。 책을 읽을까요?
ご飯を 食べましょうか。 밥을 먹을까요?

2. '동작의 목적'을 나타내는 조사 に

조사 「に」는 여러 가지 뜻이 있지만, 그중에서도 '동작의 목적'을 나타내는 데 쓰이는 경우가 있다. 이 경우에는 동사의 '연용형(ます형)'이나 '동사성 명사'에 「行く·来る·出かける」 등의 동사를 연결시킨다.

映画を 見に 行きます。 영화를 보러 갑니다.
今、会いに 行きます。 지금 만나러 갑니다.
水遊びに 来ます。 물놀이하러 옵니다.
買い物に 出かけます。 물건 사러 나갑니다.

문법

1. 부사 こう·そう·ああ·どう

こう	そう	ああ	どう
이렇게	그렇게	저렇게	어떻게

傘は こう さします。 우산은 이렇게 씁니다.

そう します。 그렇게 합니다.

いつも ああ 言います。 언제나 저렇게 말합니다.

どう 行きますか。 어떻게 갑니까?

2. 날짜

おととい	きのう	きょう	あした あす	あさって
그저께	어제	오늘	내일	모레

おととい、私は 家に いました。 그저께 저는 집에 있었습니다.

きのう、私は 家に いました。 어제 저는 집에 있었습니다.

きょう、私は 家に います。 오늘 저는 집에 있습니다.

あした、私は 家に います。 내일 저는 집에 있을 겁니다.

あさって、私は 家に います。 모레 저는 집에 있을 겁니다.

3. あります와 います

「あります」와 「います」는 공히 '(무엇이) 있습니다'라는 표현이다. 그러나 「あります」는 감정이 없는 물건, 즉 무정물이 있을 때 쓰이고, 「います」는 감정이 있는 사람이나 동물, 즉 유정물이 있을 때 쓰인다.

	긍정	부정
무정물	あります	ありません
유정물	います	いません

あそこに 本が あります。 저기에 책이 있습니다.

背の 高い 木が あります。 키가 큰 나무가 있습니다.

教室に 田中さんが います。 교실에 다나카씨가 있습니다.

庭に いぬが います。 정원에 개가 있습니다.

あそこに 本が ありません。 저기에 책이 없습니다.

背の 高い 木が ありません。 키가 큰 나무가 없습니다.

教室に 田中さんが いません。 교실에 다나카씨가 없습니다.

庭に いぬが いません。 정원에 개가 없습니다.

 문형 1

遊び 見 食べ 買い	に	行きます。

연습 1   다음 동사를 적합하게 바꾸시오.

会う
あ

(1) 今、＿＿＿＿＿＿＿ に 行きます。
いま   い

지금 만나러 갑니다.

飲む
の

(2) 酒を ＿＿＿＿＿＿＿ に 行きます。
さけ   い

술을 마시러 갑니다.

遊ぶ
あそ

(3) プールに ＿＿＿＿＿＿＿ に 行きます。
い

풀에 놀러 갑니다.

食べる
た

(4) ご飯を ＿＿＿＿＿＿＿ に 行きます。
はん   い

밥을 먹으러 갑니다.

する

(5) 勉強を ＿＿＿＿＿＿＿ に 行きます。
べんきょう   い

공부를 하러 갑니다.

取る
と

(6) 本を ＿＿＿＿＿＿＿に 行きます。
ほん   い

책을 가지러 갑니다.

 **문형 2**

食事 しょくじ 見学 けんがく 購入 こうにゅう 旅行 りょこう	に	行きませんか。

연습 2　다음 단어를 적합하게 넣으시오.

会議
かいぎ

(1) クラスの ＿＿＿＿＿＿＿＿ に 行きませんか。
い

학급 회의하러 가지 않겠습니까?

キャンピング

(2) 八公山の＿＿＿＿＿＿＿に 行きませんか。
バルゴンサン　　　　　　　　い

팔공산에 캠핑하러 가지 않겠습니까?

旅行
りょこう

(3) ヨーロッパの ＿＿＿＿＿＿＿に 行きませんか。
い

유럽에 여행하러 가지 않겠습니까?

発表
はっぴょう

(4) キャップストン デザインの＿＿＿＿＿＿＿ に 行きませんか。
い

캡스톤디자인에 발표하러 가지 않겠습니까?

 **문형 3**

書類 映画 仕事 本	を	出し 見 終え 読み	に	行きましょう。

연습 3 다음 동사를 적합하게 바꾸시오.

買う

(1) 市場に 野菜を ＿＿＿＿＿＿ に 行きしょう。

시장에 야채를 사러 갑시다.

踊る

(2) パーティに ＿＿＿＿＿＿ に 行きしょう。

파티에 춤을 추러 갑시다.

泳ぐ

(3) プールに ＿＿＿＿＿＿ に 行きしょう。

풀에 수영하러 갑시다.

食べる

(4) レストランに ご飯を ＿＿＿＿＿＿ に 行きしょう。

레스토랑에 밥을 먹으러 갑시다.

^よ
読む

(5) 図書館に 本を＿＿＿＿＿＿＿ に 行きしょう。

　도서관에 책을 읽으러 갑시다.

する

(6) 体育館に 運動を ＿＿＿＿＿＿＿ に 行きしょう。

　체육관에 운동을 하러 갑시다.

문형 4

家	に	つくえ テレビ かびん 本	が	あります。

家	に	母 ねこ いぬ 弟	が	います。

연습 4 다음에 「あります」와 「います」를 골라 넣으시오.

(1) いすの 上^{うえ}に ねこが (　　　　　　　　)。

(2) つくえの 上^{うえ}に かびんが (　　　　　　　　)。

(3) 庭^{にわ}に 木^きが たくさん (　　　　　　　)。

(4) 部屋^{へや}の 中^{なか}に 妹^{いもうと}が (　　　　　　)。

(5) 教室^{きょうしつ}に だれか (　　　　　　　)。

(6) 店^{みせ}に 何^{なに}か (　　　　　　　)。

(7) 背^せが 高^{たか}い 木^きが (　　　　　　　)。

(8) 教室^{きょうしつ}に 田中^{たなか}さんが (　　　　　　)。

연습 5 다음에 「**あります**」과 「**います**」을 골라 넣으시오.

(1) 庭の 中に 母は (　　　　　　　　　　)。

(2) いすの 上に ねこは (　　　　　　　　　　)。

(3) 学校の 運動場に 学生は (　　　　　　　　　　)。

(4) 部屋の 中に 何も (　　　　　　　　　　)。

(5) 教室に だれも (　　　　　　　　　　)。

(6) かびんの 中に 花は (　　　　　　　　　　)。

(7) 背が 高い 木は (　　　　　　　　　　)。

(8) 教室に 田中さんは (　　　　　　　　　　)。

(1) 내일 집에 있습니까?

_____

(2) 함께 놀러 가지 않겠습니까?

_____

(3) 당신 집까지 어떻게 갑니까?

_____

(4) 그 바로 뒤가 저의 집입니다.

_____

(5) 제가 당신 집으로 가겠습니다.

_____

(6) 정원에 꽃이 많이 있습니다.

_____

(7) 밥을 같이 먹읍시다.

_____

(8) 그렇게 합시다.

_____

 보충학습 1 한자 쓰기

城	재 성 じょう しろ	城	城	城	城	城
洞	골 동 どう ほら	洞	洞	洞	洞	洞
警	경계할 경 けい	警	警	警	警	警
察	살필 찰 さつ	察	察	察	察	察
署	더울 서 しょ あつ(い)	署	署	署	署	署
後	뒤 후 ご/こう のち/あと	後	後	後	後	後
見	볼 견 けん み(る)	見	見	見	見	見
買	살 매 ばい か(う)	買	買	買	買	買
酒	술 주 しゅ さけ	酒	酒	酒	酒	酒
取	취할 취 しゅ と(る)	取	取	取	取	取

購	살 구 こう あがな(う)	購	購	購	購	購
入	들 입 にゅう はい(る)/い(れる)	入	入	入	入	入
議	의논할 의 ぎ はかる	議	議	議	議	議
発	필 발 はつ はなつ	発	発	発	発	発
表	겉 표 ひょう おもて	表	表	表	表	表
類	무리 류 るい たぐい	類	類	類	類	類
仕	벼슬할 사 し/じ つか(える)	仕	仕	仕	仕	仕
事	일 사 じ こと	事	事	事	事	事
市	저자 시 し いち	市	市	市	市	市
場	마당 장 じょう ば	野	野	野	野	野
野	들 야 や の	野	野	野	野	野
菜	나물 채 さい	菜	菜	菜	菜	菜
泳	헤엄칠 영 えい およ(ぐ)	泳	泳	泳	泳	泳

体	몸 체 たい からだ	体	体	体	体	体
育	기를 육 いく そだ(てる)	育	育	育	育	育
運	옮길 운 うん はこ(ぶ)	運	運	運	運	運
動	움직일 동 どう うご(く)	動	動	動	動	動
屋	집 옥 おく や	屋	屋	屋	屋	屋
店	가게 점 てん みせ	店	店	店	店	店

보충학습 2 한자단어 쓰기

단어	읽기	연습			
月城洞	ウォルソンドン				
警察署	けいさつしょ				
後	うしろ				
食べる	たべる				
見る	みる				
会う	あう				
水遊び	みずあそび				
買い物	かいもの				
出かける	でかける				
酒	さけ				
飲む	のむ				
取る	とる				
食事	しょくじ				
見学	けんがく				
購入	こうにゅう				
会議	かいぎ				

八公山	パルゴンサン				
発表	はっぴょう				
書類	しょるい				
出す	だす				
仕事	しごと				
終える	終える				
買う	かう				
市場	いちば				
野菜	やさい				
泳ぐ	およぐ				
体育館	たいいくかん				
運動場	うんどうじょう				
部屋	へや				
店	みせ				

하태후
(河泰厚)

1981년 2월, 경상대학교 사범대학 외국어교육과 졸업(문학사)
1986년 3월, 일본 쓰쿠바대학교 대학원 연구생 수료
1989년 2월, 계명대학교 대학원 일어일문학과 석사과정 졸업(문학석사)
1993년 8월, 중앙대학교 대학원 일어일문학과 박사과정 수료
1997년 3월, 일본 바이코가쿠인대학교 대학원 일본문학과 박사과정 졸업(문학박사)

1997년 9월부터 경일대학교 전임강사를 시작으로 현재 교수로 재직 중

저서: 《芥川龍之介の基督教思想》(東京 翰林書房 1998)
　　　《芥川龍之介作品研究》(서울 제이앤씨 2018) 외 공저 15권
역서: 《西方의 사람》(서울 형설출판사 2000)
　　　《담배와 악마》(서울 박문사 2019) 외 공역 6권
논문: 〈아쿠타가와 류노스케의 『라쇼몬』고찰〉 등 한국과 일본의 학술지에 게재된
　　　논문 50여 편

쉬운
기초일본어

지 은 이　하태후
펴 낸 곳　Yes Media Group ──── 예스미디어
발 행 일　2024년 12월 30일 발행
등록번호　제342-251002009000002호
대표전화　070-7636-9115
F A X　070-8779-9115
홈페이지　www.ymg.kr
E-mail　ymgbook@naver.com
I S B N　978-89-94356-98-3

특별공급가격　　20,000원

Basic Japanese

최소한의 회화와 문법으로 기초 다지기

문형연습과 보충학습으로 실력 다지기

별책 〈일본어 가나쓰기〉 연습 노트 수록

구입문의 : 070-7636-9115
010-3182-1190
(카카오톡 상담 : ymgbook)

God loves you
and has a wonderful plan for you.

Yes Media Group
예스미디어
www.ymg.kr

값 20,000원
13730

9 788994 356983
ISBN 978-89-94356-98-3

Basic Japanese

쉬운 기초 ★일본어★

부록

하태후

Yes Media Group
예스미디어
www.ymg.kr

일본어 히라가나 · 가타카나

50음도 연습노트

あ行

②①あ③	①い②	①②う	①②え	①②お③
[a]	[i]	[ɯ]	[e]	[o]
a	i	u	e	o
あ	い	う	え	お
あ	い	う	え	お
あ	い	う	え	お
あ	い	う	え	お
あ	い	う	え	お
あ	い	う	え	お
あ	い	う	え	お
あ	い	う	え	お
あ	い	う	え	お
あ	い	う	え	お

ア行

ア		イ		ウ		エ		オ	
[a]		[i]		[ɯ]		[e]		[o]	
a		i		u		e		o	
ア		イ		ウ		エ		オ	
ア		イ		ウ		エ		オ	
ア		イ		ウ		エ		オ	
ア		イ		ウ		エ		オ	
ア		イ		ウ		エ		オ	
ア		イ		ウ		エ		オ	
ア		イ		ウ		エ		オ	
ア		イ		ウ		エ		オ	
ア		イ		ウ		エ		オ	
ア		イ		ウ		エ		オ	

か行

か② ③	き③ ②	く①	け① ② ③	こ① ②
[ka]	[ki]	[kɯ]	[ke]	[ko]
ka	ki	ku	ke	ko
か	き	く	け	こ
か	き	く	け	こ
か	き	く	け	こ
か	き	く	け	こ
か	き	く	け	こ
か	き	く	け	こ
か	き	く	け	こ
か	き	く	け	こ
か	き	く	け	こ
か	き	く	け	こ

カ行

②①カ	③①②キ	①②ク	①②③ケ	①②コ
[ka]	[ki]	[kɯ]	[ke]	[ko]
ka	ki	ku	ke	ko
カ	キ	ク	ケ	コ
カ	キ	ク	ケ	コ
カ	キ	ク	ケ	コ
カ	キ	ク	ケ	コ
カ	キ	ク	ケ	コ
カ	キ	ク	ケ	コ
カ	キ	ク	ケ	コ
カ	キ	ク	ケ	コ
カ	キ	ク	ケ	コ
カ	キ	ク	ケ	コ

行 さ

さ		し		す		せ		そ	
② ①さ		①し		②す①		①せ③②		①そ②③	
[sa]		[ʃi]		[suɪ]		[se]		[so]	
sa		shi		su		se		so	
さ		し		す		せ		そ	
さ		し		す		せ		そ	
さ		し		す		せ		そ	
さ		し		す		せ		そ	
さ		し		す		せ		そ	
さ		し		す		せ		そ	
さ		し		す		せ		そ	
さ		し		す		せ		そ	
さ		し		す		せ		そ	
さ		し		す		せ		そ	

サ行

サ [sa] sa	シ [ʃi] shi	ス [sɯ] su	セ [se] se	ソ [so] so
サ	シ	ス	セ	ソ
サ	シ	ス	セ	ソ
サ	シ	ス	セ	ソ
サ	シ	ス	セ	ソ
サ	シ	ス	セ	ソ
サ	シ	ス	セ	ソ
サ	シ	ス	セ	ソ
サ	シ	ス	セ	ソ
サ	シ	ス	セ	ソ
サ	シ	ス	セ	ソ

た行

① ② ③ ④ た	① ② ち	① つ	① て	① ② と
[ta]	[tʃi]	[tsɯ]	[te]	[to]
ta	chi	tsu	te	to
た	ち	っ	て	と
た	ち	っ	て	と
た	ち	っ	て	と
た	ち	っ	て	と
た	ち	っ	て	と
た	ち	っ	て	と
た	ち	っ	て	と
た	ち	っ	て	と
た	ち	っ	て	と
た	ち	っ	て	と

タ行

タ① ② ③	チ① ③ ②	ツ① ② ③	テ① ② ③	ト① ②
[ta]	[tʃi]	[tsɯ]	[te]	[to]
ta	chi	tsu	te	to
タ	チ	ツ	テ	ト
タ	チ	ツ	テ	ト
タ	チ	ツ	テ	ト
タ	チ	ツ	テ	ト
タ	チ	ツ	テ	ト
タ	チ	ツ	テ	ト
タ	チ	ツ	テ	ト
タ	チ	ツ	テ	ト
タ	チ	ツ	テ	ト
タ	チ	ツ	テ	ト

な行

① な ②③	① に ③	① ぬ ②	② ね ①	① の
[na]	[ɲi]	[nɯ]	[ne]	[no]
na	ni	nu	ne	no
な	に	ぬ	ね	の
な	に	ぬ	ね	の
な	に	ぬ	ね	の
な	に	ぬ	ね	の
な	に	ぬ	ね	の
な	に	ぬ	ね	の
な	に	ぬ	ね	の
な	に	ぬ	ね	の
な	に	ぬ	ね	の
な	に	ぬ	ね	の

ナ行

ナ②①	二①②	ヌ①②	ネ①③④③	ノ①
[na]	[ɲi]	[nɯ]	[ne]	[no]
na	ni	nu	ne	no
ナ	二	ヌ	ネ	ノ
ナ	二	ヌ	ネ	ノ
ナ	二	ヌ	ネ	ノ
ナ	二	ヌ	ネ	ノ
ナ	二	ヌ	ネ	ノ
ナ	二	ヌ	ネ	ノ
ナ	二	ヌ	ネ	ノ
ナ	二	ヌ	ネ	ノ
ナ	二	ヌ	ネ	ノ
ナ	二	ヌ	ネ	ノ

は行

は	ひ	ふ	へ	ほ
[ha]	[çi]	[ɸɯ]	[he]	[ho]
ha	hi	fu	he	ho
は	ひ	ふ	へ	ほ
は	ひ	ふ	へ	ほ
は	ひ	ふ	へ	ほ
は	ひ	ふ	へ	ほ
は	ひ	ふ	へ	ほ
は	ひ	ふ	へ	ほ
は	ひ	ふ	へ	ほ
は	ひ	ふ	へ	ほ
は	ひ	ふ	へ	ほ
は	ひ	ふ	へ	ほ

ハ行

ハ ①② [ha] ha	ヒ ②① [çi] hi	フ ① [ɸɯ] fu	ヘ ① [he] he	ホ ②①③④ [ho] ho
ハ	ヒ	フ	ヘ	ホ
ハ	ヒ	フ	ヘ	ホ
ハ	ヒ	フ	ヘ	ホ
ハ	ヒ	フ	ヘ	ホ
ハ	ヒ	フ	ヘ	ホ
ハ	ヒ	フ	ヘ	ホ
ハ	ヒ	フ	ヘ	ホ
ハ	ヒ	フ	ヘ	ホ
ハ	ヒ	フ	ヘ	ホ
ハ	ヒ	フ	ヘ	ホ

ま行

③①② ま	①② み	②① む	①② め	①②③ も
[ma]	[mi]	[mɯ]	[me]	[mo]
ma	mi	mu	me	mo
ま	み	む	め	も
ま	み	む	め	も
ま	み	む	め	も
ま	み	む	め	も
ま	み	む	め	も
ま	み	む	め	も
ま	み	む	め	も
ま	み	む	め	も
ま	み	む	め	も
ま	み	む	め	も

マ行

①マ②	①②③ミ	①ム②③	①②メ	①モ②③
[ma]	[mi]	[mɯ]	[me]	[mo]
ma	mi	mu	me	mo
マ	ミ	ム	メ	モ
マ	ミ	ム	メ	モ
マ	ミ	ム	メ	モ
マ	ミ	ム	メ	モ
マ	ミ	ム	メ	モ
マ	ミ	ム	メ	モ
マ	ミ	ム	メ	モ
マ	ミ	ム	メ	モ
マ	ミ	ム	メ	モ
マ	ミ	ム	メ	モ

や行

①や②			①ゆ②		②よ①
[ja]			[jɯ]		[jo]
ya			yu		yo
や			ゆ		よ
や			ゆ		よ
や			ゆ		よ
や			ゆ		よ
や			ゆ		よ
や			ゆ		よ
や			ゆ		よ
や			ゆ		よ
や			ゆ		よ
や			ゆ		よ

ヤ行

②①ヤ			①②ユ			①②③ヨ	
[ja]			[jɯ]			[jo]	
ya			yu			yo	
ヤ			ユ			ヨ	
ヤ			ユ			ヨ	
ヤ			ユ			ヨ	
ヤ			ユ			ヨ	
ヤ			ユ			ヨ	
ヤ			ユ			ヨ	
ヤ			ユ			ヨ	
ヤ			ユ			ヨ	
ヤ			ユ			ヨ	
ヤ			ユ			ヨ	

ら行

① ら	① り	① る	①②れ	① ろ
[ra]	[ri]	[ru]	[re]	[ro]
ra	ri	ru	re	ro
ら	り	る	れ	ろ
ら	り	る	れ	ろ
ら	り	る	れ	ろ
ら	り	る	れ	ろ
ら	り	る	れ	ろ
ら	り	る	れ	ろ
ら	り	る	れ	ろ
ら	り	る	れ	ろ
ら	り	る	れ	ろ
ら	り	る	れ	ろ

ラ行

①②ラ	①②リ	①②ル	①レ	①②③ロ
[ra]	[ri]	[rɯ]	[re]	[ro]
ra	ri	ru	re	ro
ラ	リ	ル	レ	ロ
ラ	リ	ル	レ	ロ
ラ	リ	ル	レ	ロ
ラ	リ	ル	レ	ロ
ラ	リ	ル	レ	ロ
ラ	リ	ル	レ	ロ
ラ	リ	ル	レ	ロ
ラ	リ	ル	レ	ロ
ラ	リ	ル	レ	ロ
ラ	リ	ル	レ	ロ

わ行

②①わ				①②③を
[wa]				[o]
wa				o
わ				を
わ				を
わ				を
わ				を
わ				を
わ				を
わ				を
わ				を
わ				を
わ				を

ワ行

①② ワ				①②③ ヲ
[wa]				[o]
wa				o
ワ				ヲ
ワ				ヲ
ワ				ヲ
ワ				ヲ
ワ				ヲ
ワ				ヲ
ワ				ヲ
ワ				ヲ
ワ				ヲ
ワ				ヲ

ん

ん				
[m / n / ŋ]				
N				

ん						
ん						
ん						
ん						
ん						
ん						
ん						
ん						
ん						
ん						

ン				
[m / n / ŋ]				
N				

ン				
ン				
ン				
ン				
ン				
ン				
ン				
ン				
ン				
ン				

が行

が	ぎ	ぐ	げ	ご
[ga]	[gi]	[gɯ]	[ge]	[go]
ga	gi	gu	ge	go
が	ぎ	ぐ	げ	ご
が	ぎ	ぐ	げ	ご
が	ぎ	ぐ	げ	ご
が	ぎ	ぐ	げ	ご
が	ぎ	ぐ	げ	ご
が	ぎ	ぐ	げ	ご
が	ぎ	ぐ	げ	ご
が	ぎ	ぐ	げ	ご
が	ぎ	ぐ	げ	ご
が	ぎ	ぐ	げ	ご

ガ行

ガ	ギ	グ	ゲ	ゴ
[ga]	[gi]	[gɯ]	[ge]	[go]
ga	gi	gu	ge	go
ガ	ギ	グ	ゲ	ゴ
ガ	ギ	グ	ゲ	ゴ
ガ	ギ	グ	ゲ	ゴ
ガ	ギ	グ	ゲ	ゴ
ガ	ギ	グ	ゲ	ゴ
ガ	ギ	グ	ゲ	ゴ
ガ	ギ	グ	ゲ	ゴ
ガ	ギ	グ	ゲ	ゴ
ガ	ギ	グ	ゲ	ゴ
ガ	ギ	グ	ゲ	ゴ

ざ行

ざ		じ		ず		ぜ		ぞ	
[za]		[ʒi]		[zɯ]		[ze]		[zo]	
za		ji		zu		ze		zo	
ざ		じ		ず		ぜ		ぞ	
ざ		じ		ず		ぜ		ぞ	
ざ		じ		ず		ぜ		ぞ	
ざ		じ		ず		ぜ		ぞ	
ざ		じ		ず		ぜ		ぞ	
ざ		じ		ず		ぜ		ぞ	
ざ		じ		ず		ぜ		ぞ	
ざ		じ		ず		ぜ		ぞ	
ざ		じ		ず		ぜ		ぞ	
ざ		じ		ず		ぜ		ぞ	

ザ行

ザ		ジ		ズ		ゼ		ゾ	
[za]		[ʒi]		[zɯ]		[ze]		[zo]	
za		ji		zu		ze		zo	
ザ		ジ		ズ		ゼ		ゾ	
ザ		ジ		ズ		ゼ		ゾ	
ザ		ジ		ズ		ゼ		ゾ	
ザ		ジ		ズ		ゼ		ゾ	
ザ		ジ		ズ		ゼ		ゾ	
ザ		ジ		ズ		ゼ		ゾ	
ザ		ジ		ズ		ゼ		ゾ	
ザ		ジ		ズ		ゼ		ゾ	
ザ		ジ		ズ		ゼ		ゾ	
ザ		ジ		ズ		ゼ		ゾ	

だ行

だ [da]	ぢ [ʥi]	づ [ʣɯ]	で [de]	ど [do]
da	ji	zu	de	do
だ	ぢ	づ	で	ど
だ	ぢ	づ	で	ど
だ	ぢ	づ	で	ど
だ	ぢ	づ	で	ど
だ	ぢ	づ	で	ど
だ	ぢ	づ	で	ど
だ	ぢ	づ	で	ど
だ	ぢ	づ	で	ど
だ	ぢ	づ	で	ど
だ	ぢ	づ	で	ど

ダ行

ダ		ヂ		ヅ		デ		ド	
[da]		[ʥi]		[ʣɯ]		[de]		[do]	
da		ji		zu		de		do	
ダ		ヂ		ヅ		デ		ド	
ダ		ヂ		ヅ		デ		ド	
ダ		ヂ		ヅ		デ		ド	
ダ		ヂ		ヅ		デ		ド	
ダ		ヂ		ヅ		デ		ド	
ダ		ヂ		ヅ		デ		ド	
ダ		ヂ		ヅ		デ		ド	
ダ		ヂ		ヅ		デ		ド	
ダ		ヂ		ヅ		デ		ド	
ダ		ヂ		ヅ		デ		ド	

ば行

ば	び	ぶ	べ	ぼ
[ba]	[bi]	[bɯ]	[be]	[bo]
ba	bi	bu	be	bo
ば	び	ぶ	べ	ぼ
ば	び	ぶ	べ	ぼ
ば	び	ぶ	べ	ぼ
ば	び	ぶ	べ	ぼ
ば	び	ぶ	べ	ぼ
ば	び	ぶ	べ	ぼ
ば	び	ぶ	べ	ぼ
ば	び	ぶ	べ	ぼ
ば	び	ぶ	べ	ぼ
ば	び	ぶ	べ	ぼ

バ行

バ [ba] ba	ビ [bi] bi	ブ [bɯ] bu	ベ [be] be	ボ [bo] bo
バ	ビ	ブ	ベ	ボ
バ	ビ	ブ	ベ	ボ
バ	ビ	ブ	ベ	ボ
バ	ビ	ブ	ベ	ボ
バ	ビ	ブ	ベ	ボ
バ	ビ	ブ	ベ	ボ
バ	ビ	ブ	ベ	ボ
バ	ビ	ブ	ベ	ボ
バ	ビ	ブ	ベ	ボ
バ	ビ	ブ	ベ	ボ

ぱ行

ぱ	ぴ	ぷ	ぺ	ぽ
[pa]	[pi]	[puɪ]	[pe]	[po]
pa	pi	pu	pe	po
ぱ	ぴ	ぷ	ぺ	ぽ
ぱ	ぴ	ぷ	ぺ	ぽ
ぱ	ぴ	ぷ	ぺ	ぽ
ぱ	ぴ	ぷ	ぺ	ぽ
ぱ	ぴ	ぷ	ぺ	ぽ
ぱ	ぴ	ぷ	ぺ	ぽ
ぱ	ぴ	ぷ	ぺ	ぽ
ぱ	ぴ	ぷ	ぺ	ぽ
ぱ	ぴ	ぷ	ぺ	ぽ
ぱ	ぴ	ぷ	ぺ	ぽ

パ行

パ [pa] pa	ピ [pi] pi	プ [pɯ] pu	ペ [pe] pe	ポ [po] po
パ	ピ	プ	ペ	ポ
パ	ピ	プ	ペ	ポ
パ	ピ	プ	ペ	ポ
パ	ピ	プ	ペ	ポ
パ	ピ	プ	ペ	ポ
パ	ピ	プ	ペ	ポ
パ	ピ	プ	ペ	ポ
パ	ピ	プ	ペ	ポ
パ	ピ	プ	ペ	ポ
パ	ピ	プ	ペ	ポ

拗音

きゃ			きゅ			きょ
[kʲa]			[kʲɯ]			[kʲo]
kya			kyu			kyo
きゃ			きゅ			きょ
きゃ			きゅ			きょ
きゃ			きゅ			きょ
きゃ			きゅ			きょ
きゃ			きゅ			きょ
きゃ			きゅ			きょ
きゃ			きゅ			きょ
きゃ			きゅ			きょ
きゃ			きゅ			きょ
きゃ			きゅ			きょ

拗音

キャ		キュ		キョ
[kʲa]		[kʲɯ]		[kʲo]
kya		kyu		kyo
キャ		キュ		キョ
キャ		キュ		キョ
キャ		キュ		キョ
キャ		キュ		キョ
キャ		キュ		キョ
キャ		キュ		キョ
キャ		キュ		キョ
キャ		キュ		キョ
キャ		キュ		キョ
キャ		キュ		キョ

拗音

しゃ			しゅ			しょ
[ʃa]			[ʃɯ]			[ʃo]
sha			shu			sho
しゃ			しゅ			しょ
しゃ			しゅ			しょ
しゃ			しゅ			しょ
しゃ			しゅ			しょ
しゃ			しゅ			しょ
しゃ			しゅ			しょ
しゃ			しゅ			しょ
しゃ			しゅ			しょ
しゃ			しゅ			しょ
しゃ			しゅ			しょ

拗音

シャ			シュ		ショ
[ʃa]			[ʃɯ]		[ʃo]
sha			shu		sho
シャ			シュ		ショ
シャ			シュ		ショ
シャ			シュ		ショ
シャ			シュ		ショ
シャ			シュ		ショ
シャ			シュ		ショ
シャ			シュ		ショ
シャ			シュ		ショ
シャ			シュ		ショ
シャ			シュ		ショ

拗音

ちゃ			ちゅ			ちょ
[ʧa]			[ʧɯ]			[ʧo]
cha			chu			cho
ちゃ			ちゅ			ちょ
ちゃ			ちゅ			ちょ
ちゃ			ちゅ			ちょ
ちゃ			ちゅ			ちょ
ちゃ			ちゅ			ちょ
ちゃ			ちゅ			ちょ
ちゃ			ちゅ			ちょ
ちゃ			ちゅ			ちょ
ちゃ			ちゅ			ちょ
ちゃ			ちゅ			ちょ

拗音

チャ		チュ		チョ	
[tʃa]		[tʃɯ]		[tʃo]	
cha		chu		cho	
チャ		チュ		チョ	
チャ		チュ		チョ	
チャ		チュ		チョ	
チャ		チュ		チョ	
チャ		チュ		チョ	
チャ		チュ		チョ	
チャ		チュ		チョ	
チャ		チュ		チョ	
チャ		チュ		チョ	
チャ		チュ		チョ	

拗音

にゃ				にゅ				にょ	
[ɲa]				[ɲɯ]				[ɲo]	
nya				nyu				nyo	
にゃ				にゅ				によ	
にゃ				にゅ				によ	
にゃ				にゅ				によ	
にゃ				にゅ				によ	
にゃ				にゅ				によ	
にゃ				にゅ				によ	
にゃ				にゅ				によ	
にゃ				にゅ				によ	
にゃ				にゅ				によ	
にゃ				にゅ				によ	

拗音

ニャ			ニュ			ニョ	
[ɲa]			[ɲɯ]			[ɲo]	
nya			nyu			nyo	
ニャ			ニュ			ニョ	
ニャ			ニュ			ニョ	
ニャ			ニュ			ニョ	
ニャ			ニュ			ニョ	
ニャ			ニュ			ニョ	
ニャ			ニュ			ニョ	
ニャ			ニュ			ニョ	
ニャ			ニュ			ニョ	
ニャ			ニュ			ニョ	
ニャ			ニュ			ニョ	

拗音

ひゃ			ひゅ		ひょ
[ça]			[çɯ]		[ço]
hya			hyu		hyo
ひゃ			ひゅ		ひょ
ひゃ			ひゅ		ひょ
ひゃ			ひゅ		ひょ
ひゃ			ひゅ		ひょ
ひゃ			ひゅ		ひょ
ひゃ			ひゅ		ひょ
ひゃ			ひゅ		ひょ
ひゃ			ひゅ		ひょ
ひゃ			ひゅ		ひょ
ひゃ			ひゅ		ひょ

拗音

ヒヤ			ヒュ			ヒョ
[ça]			[çɯ]			[ço]
hya			hyu			hyo
ヒヤ			ヒュ			ヒョ
ヒヤ			ヒュ			ヒョ
ヒヤ			ヒュ			ヒョ
ヒヤ			ヒュ			ヒョ
ヒヤ			ヒュ			ヒョ
ヒヤ			ヒュ			ヒョ
ヒヤ			ヒュ			ヒョ
ヒヤ			ヒュ			ヒョ
ヒヤ			ヒュ			ヒョ
ヒヤ			ヒュ			ヒョ

拗音

みや			みゆ			みよ
[mʲa]			[mㅍɯ]			[mㅍo]
mya			myu			myo
みや			みゆ			みよ
みや			みゆ			みよ
みや			みゆ			みよ
みや			みゆ			みよ
みや			みゆ			みよ
みや			みゆ			みよ
みや			みゆ			みよ
みや			みゆ			みよ
みや			みゆ			みよ
みや			みゆ			みよ

拗音

ミヤ				ミュ				ミヨ	
[mʲa]				[mʲɯ]				[mʲo]	
mya				myu				myo	
ミヤ				ミュ				ミヨ	
ミヤ				ミュ				ミヨ	
ミヤ				ミュ				ミヨ	
ミヤ				ミュ				ミヨ	
ミヤ				ミュ				ミヨ	
ミヤ				ミュ				ミヨ	
ミヤ				ミュ				ミヨ	
ミヤ				ミュ				ミヨ	
ミヤ				ミュ				ミヨ	
ミヤ				ミュ				ミヨ	

拗音

りや			りゅ			りょ	
[rʲa]			[rʲɯ]			[rʲo]	
rya			ryu			ryo	
りや			りゅ			りょ	
りや			りゅ			りょ	
りや			りゅ			りょ	
りや			りゅ			りょ	
りや			りゅ			りょ	
りや			りゅ			りょ	
りや			りゅ			りょ	
りや			りゅ			りょ	
りや			りゅ			りょ	
りや			りゅ			りょ	

拗音

リャ			リュ			リョ
[rʲa]			[rʲɯ]			[rʲo]
rya			ryu			ryo
リャ			リュ			リョ
リャ			リュ			リョ
リャ			リュ			リョ
リャ			リュ			リョ
リャ			リュ			リョ
リャ			リュ			リョ
リャ			リュ			リョ
リャ			リュ			リョ
リャ			リュ			リョ
リャ			リュ			リョ

拗音

ぎゃ			ぎゅ			ぎょ	
[gʲa]			[gʲɯ]			[gʲo]	
gya			gyu			gyo	
ぎゃ			ぎゅ			ぎょ	
ぎゃ			ぎゅ			ぎょ	
ぎゃ			ぎゅ			ぎょ	
ぎゃ			ぎゅ			ぎょ	
ぎゃ			ぎゅ			ぎょ	
ぎゃ			ぎゅ			ぎょ	
ぎゃ			ぎゅ			ぎょ	
ぎゃ			ぎゅ			ぎょ	
ぎゃ			ぎゅ			ぎょ	
ぎゃ			ぎゅ			ぎょ	

拗音

ギャ			ギュ			ギョ
[gʲa]			[gʲɯ]			[gʲo]
gya			gyu			gyo
ギャ			ギュ			ギョ
ギャ			ギュ			ギョ
ギャ			ギュ			ギョ
ギャ			ギュ			ギョ
ギャ			ギュ			ギョ
ギャ			ギュ			ギョ
ギャ			ギュ			ギョ
ギャ			ギュ			ギョ
ギャ			ギュ			ギョ
ギャ			ギュ			ギョ

拗音

じゃ			じゅ			じょ	
[ʒa]			[ʒɯ]			[ʒo]	
ja			ju			jo	
じゃ			じゅ			じょ	
じゃ			じゅ			じょ	
じゃ			じゅ			じょ	
じゃ			じゅ			じょ	
じゃ			じゅ			じょ	
じゃ			じゅ			じょ	
じゃ			じゅ			じょ	
じゃ			じゅ			じょ	
じゃ			じゅ			じょ	
じゃ			じゅ			じょ	

拗音

ジャ			ジュ			ジョ
[ʒa]			[ʒɯ]			[ʒo]
ja			ju			jo
ジャ			ジュ			ジョ
ジャ			ジュ			ジョ
ジャ			ジュ			ジョ
ジャ			ジュ			ジョ
ジャ			ジュ			ジョ
ジャ			ジュ			ジョ
ジャ			ジュ			ジョ
ジャ			ジュ			ジョ
ジャ			ジュ			ジョ
ジャ			ジュ			ジョ

拗音

びや			びゅ			びょ
[bʲa]			[bʲɯ]			[bʲo]
bya			byu			byo
びや			びゅ			びょ
びや			びゅ			びょ
びや			びゅ			びょ
びや			びゅ			びょ
びや			びゅ			びょ
びや			びゅ			びょ
びや			びゅ			びょ
びや			びゅ			びょ
びや			びゅ			びょ
びや			びゅ			びょ

拗音

ビャ			ビュ			ビョ	
[bʲa]			[bʲɯ]			[bʲo]	
bya			byu			byo	
ビャ			ビュ			ビョ	
ビャ			ビュ			ビョ	
ビャ			ビュ			ビョ	
ビャ			ビュ			ビョ	
ビャ			ビュ			ビョ	
ビャ			ビュ			ビョ	
ビャ			ビュ			ビョ	
ビャ			ビュ			ビョ	
ビャ			ビュ			ビョ	
ビャ			ビュ			ビョ	

拗音

ぴゃ		ぴゅ		ぴょ
[pʲa]		[pʲɯ]		[pʲo]
pya		pyu		pyo

ぴゃ			ぴゅ			ぴょ	
ぴゃ			ぴゅ			ぴょ	
ぴゃ			ぴゅ			ぴょ	
ぴゃ			ぴゅ			ぴょ	
ぴゃ			ぴゅ			ぴょ	
ぴゃ			ぴゅ			ぴょ	
ぴゃ			ぴゅ			ぴょ	
ぴゃ			ぴゅ			ぴょ	
ぴゃ			ぴゅ			ぴょ	
ぴゃ			ぴゅ			ぴょ	
ぴゃ			ぴゅ			ぴょ	

拗音

ピャ		ピュ		ピョ
[pʲa]		[pʲɯ]		[pʲo]
pya		pyu		pyo
ピャ		ピュ		ピョ
ピャ		ピュ		ピョ
ピャ		ピュ		ピョ
ピャ		ピュ		ピョ
ピャ		ピュ		ピョ
ピャ		ピュ		ピョ
ピャ		ピュ		ピョ
ピャ		ピュ		ピョ
ピャ		ピュ		ピョ
ピャ		ピュ		ピョ